国家级教学团队·国家级精品课程教材配套用书

全国优秀畅销书配套教材

21世纪高职高专会计专业主干课程教材

U0648615

Fundamental Accounting

基础会计
习题与实训 （第四版）

赵丽生 常洁 高慧芸 主编

东北财经大学出版社
Dongbei University of Finance & Economics Press
大连

图书在版编目（CIP）数据

基础会计习题与实训 / 赵丽生，常洁，高慧芸主编. —4版. —大连：东北财经大学出版社，2017.8（2018.2重印）

（21世纪高职高专会计专业主干课程教材）

ISBN 978-7-5654-2864-7

Ⅰ.基⋯　Ⅱ.①赵⋯　②常⋯　③高⋯　Ⅲ.会计学–高等职业教育–教学参考资料　Ⅳ.F230

中国版本图书馆 CIP 数据核字（2017）第 186192 号

东北财经大学出版社出版

（大连市黑石礁尖山街217号　邮政编码　116025）

网　　址：http：// www.dufep.cn

读者信箱：dufep@dufe.edu.cn

大连图腾彩色印刷有限公司印刷　　　东北财经大学出版社发行

幅面尺寸：185mm×260mm　　字数：256千字　　印张：11　　插页：1

2017年8月第4版　　　　　　　　　　2018年2月第14次印刷

责任编辑：包利华　　　　　　　　　　　　责任校对：亿　心

封面设计：张智波　　　　　　　　　　　　版式设计：钟福建

定价：22.00元

第三版前言

　　本书是"21世纪高职高专会计专业主干课程教材"以及国家级精品课程教材《基础会计》的配套学生用书。本书第三版与会计职业资格考试相挂钩，并为达到提升学生可持续发展能力的目标，配套增加了各章教学目标、各章内容提要、学习指南、知识点及实现手段、题库系统等相关的辅助学习资源，旨在配合第三版的《基础会计》引领学生加深对会计知识世界的初步认识，帮助学生检验对会计工作基本原理和基本方法的掌握程度。

　　本书第三版以最新的企业会计准则、准则讲解和准则解释，2015年修订后的《会计档案管理办法》及新颁布的"营改增"等税收法规为理论依据，适当增加、调整了相关知识点的习题，对应《基础会计》第三版的每个知识点设计相应练习题和实务训练内容，包括了七种会计核算方法及相关技能的实训，并增设了一套《基础会计》综合模拟试题，同时提供各章练习题和综合模拟试题的参考答案与实务训练提示。

　　本书由山西省财政税务专科学校赵丽生教授、常洁副教授、高慧芸副教授共同编写。赵丽生教授编写第1章并总纂全书，常洁副教授编写第2～4章和第10、11章，高慧芸副教授编写第5～9章。

　　由于会计理论、方法与实践及相关规则是不断发展变化的，而高等职业教育理念和方法的不断进步也会对教材提出新的要求，同时，再版的《基础会计》及本书自身也必然存在各种不足，需要通过不断的修订来逐步完善，因此，我们将不断修订本书，以满足教学实践的需要。

　　望广大读者，特别是使用本书的师生，积极反馈使用意见和建议，具体联系方式如下：

　　电话：0411-84711800

　　传真：0411-84710731

　　邮箱：dufep6@163.com

编　者

2015 年 12 月

目 录

第1章

总 论

【重点与难点】

一、重点

1. 会计概述

从"管理"这一本质出发，可将会计的概念概括为"以货币为主要计量单位，运用一系列的专门方法对经济单位的经济活动进行核算和监督的经济管理工作"。

2. 会计的基本职能

会计的基本职能是指会计的核算职能和会计的监督职能。会计的核算和监督职能相辅相成，辩证统一：没有核算提供完整的会计信息，会计监督就没有客观的依据，无法进行，而监督是会计核算真实性的保证。

3. 会计的对象

会计的对象是指会计所要核算和监督的内容，即会计所要反映和监督的客体，它界定了会计工作的内容和范围。会计的一般对象概括为价值运动，或者是能用货币表现的经济活动。

4. 会计的假设

会计基本假设是企业会计确认、计量和报告的前提，是对会计核算所处时间、空间环境所作的合理设定。会计的基本假设包括会计主体、持续经营、会计分期和货币计量。

5. 会计的基础

会计的基础是指企业会计的确认、计量和报告的基础，包括权责发生制和收付实现制。

6. 会计的核算方法

会计核算方法是以货币为主要计量单位，对各单位已发生的交易或事项进行确认、计量、记录和报告的一系列专门方法，通常包括设置账户、复式记账、填制和审核凭证、登记账簿、成本计算、财产清查和编制会计报表七种。

二、难点

1.会计假设的理解

会计主体，是指企业会计确认、计量和报告的空间范围。会计主体不同于法律主体，一般来说，法律主体必然是一个会计主体。但是会计主体不一定是法律主体。持续经营，是指在可以预见的将来，企业会按当前的规模和状态继续经营下去，不会停业，也不会削减业务。会计分期，是指将一个企业的生产经营活动划分为一个个连续的、长短相同的期间。持续经营和会计分期假设规定了会计核算的时间范围。货币计量，是指会计主体在财务会计确认、计量和报告时以货币计量，反映会计主体的生产经营活动。

2.会计基础的区分

权责发生制又称应计制，是以应收应付作为标准来处理经济业务，确定本期收入和费用以计算本期盈亏的会计处理基础。收付实现制也称现金制，是以现金收到或付出为标准，来记录收入的实现或费用的发生。

【练习题】

一、名词解释

1.会计　2.会计核算　3.会计监督　4.会计目标　5.会计对象　6.会计主体　7.权责发生制　8.会计核算方法

二、单项选择题

1.会计是一种（　　　）。

A.经济监督的工具　　　　　　　　B.管理生产与耗费的工具

C.生财、聚财、用财的方法　　　　D.管理经济的活动

2.会计的总目标是（　　　）。

A.进行价值管理　　　　　　　　　B.提高经济效益

C.提供会计信息　　　　　　　　　D.控制和指导经济活动

3.会计的特点是（　　　）。

A.进行价值管理　　B.提供会计信息　　C.控制经济活动　　D.提高经济效益

4.会计的基本职能是（　　　）。

A.分析与考核　　B.核算与监督　　C.预算与决策　　D.以上全部都对

5.会计在反映一个单位经济活动时主要使用（　　　）。

A.劳动量度　　B.实物量度　　C.货币量度　　D.技术量度

6.会计的一般对象是（　　　）。

A.社会再生产过程中发生的经济活动

B.企业、行政事业单位的经济活动

C.再生产过程中的全部经济活动

D.再生产过程中发生的、能用货币表现的经济活动

7.会计核算的基本前提是（　　　）。

A.会计目标　　　　B.会计任务　　　　C.会计职能　　　　D.会计假设

8.会计主体假设限定了会计核算的（　　）范围。

A.时间　　　　　　　B.空间　　　　　　C.货币计量　　　　D.会计期间

9.近代会计的标志之一是（　　）。

A.文字的出现　　　B.四柱清册技术　　C.借贷记账法　　　D.管理会计

10.持续经营假设限定了会计核算的（　　）。

A.会计期间　　　　B.空间　　　　　　C.货币计量　　　　D.时间

11.唐宋时期我国已出现了（　　），成为中式会计的精髓。

A.龙门账　　　　　B.四柱结算法　　　C.四脚账　　　　　D.复式记账法

12.我国最早出现的复式记账法是（　　）。

A.四柱结算法　　　B.龙门账　　　　　C.四脚账　　　　　D.借贷记账法

13.按照权责发生制会计基础的要求，下列货款应确认为主营业务收入的是（　　）。

A.本月销售产品货款未收到

B.上月销货款项本月收到，存入银行

C.本月预收下月货款存入银行

D.收到本月仓库租金存入银行

14.下列业务的处理符合权责发生制的是（　　）。

A.本月根据销售合同发出商品一批，售价10 000元，但本月没有收到货款，因此不　能将其确认为本月收入

B.本月收到上月销售商品款50 000元，因此确认本月收入为50 000元

C.本月发生广告费用3 000元但尚未支付，确认本月销售费用3 000元

D.根据销售合同预收客户定金10 000元，因此确认本月销售收入10 000元

15.我国企业会计核算的基础是（　　）。

A.收付实现制　　　B.现金收付制　　　C.权责发生制　　　D.现收现付制

三、多项选择题

1.会计核算职能的特点为（　　）。

A.从价值量上反映　　　　B.完整性　　　　　　C.连续性

D.对经济活动进行全过程的反映　　　　　　　E.系统性

2.我国的会计准则包括（　　）。

A.企业会计准则　　　　　B.基本准则　　　　　C.具体准则

D.准则应用指南　　　　　E.小企业会计准则

3.会计基本假设包括（　　）。

A.会计主体假设　　　　　B.持续经营假设　　　C.会计分期假设

D.货币计量假设　　　　　E.权责发生制假设

4.权责发生制核算基础是以收付应归属期间为标准，确定本期收入和费用的处理方法，即（　　）。

A.凡属本期应获得的收入，不管款项是否已收到，都应作为本期收入处理

B.凡属本期应获得的收入，只有款项已经收到，才能作为本期收入处理

C.凡属本期应负担的费用，不管款项是否已经付出，都应作为本期费用处理

D. 凡属期应负担的费用，只有款项已经付出，才能作为本期费用处理

E. 凡属本期应获得的收入或本期应负担的费用，没有收到款项或支付款项就不能作为本期收入或费用处理

5. 下列各项中，属于会计基本职能的有（　　）。

A. 进行会计核算　　　　　B. 预测经济前景　　　　　C. 评价未来业绩

D. 实施会计监督　　　　　E. 分析经济事项

6. 下列项目属于会计核算方法的有（　　）。

A. 复式记账　　　　　　　B. 填制和审核会计凭证　　　C. 成本计算

D. 财产清查　　　　　　　E. 编制会计报表

7. 关于货币计量假设说法正确的是（　　）。

A. 我国会计核算以人民币为记账本位币

B. 业务收支以外币为主的企业也可以选择某种外币作为记账本位币

C. 在我国，以外币为记账本位币的企业，向外报送财务报告时，仍然可以用外币反映

D. 货币计量是指会计主体在核算过程中采用货币作为统一的计量单位

E. 货币计量假设对选择货币的币值没有要求

8. 关于会计主体的概念，下列各项说法中正确的是（　　）。

A. 可以是独立法人，也可以是非法人

B. 可以是一个企业，也可以是企业内部的某一个单位

C. 可以是一个单一的企业，也可以是由几个企业组成的企业集团

D. 会计主体所核算的生产经营活动也包括其他企业或投资者个人的其他生产经营活动

E. 会计主体一定是法律主体

9. 在四项会计基本假设中，由于（　　），才产生了当期与以前期间、以后期间的差别，才使不同类型的会计主体有了会计确认和计量的基准，形成了权责发生制和收付实现制两种不同的会计基础，进而出现了应收、应付等会计处理方法。

A. 会计主体　　　　　　　B. 持续经营　　　　　　　C. 会计分期

D. 货币计量　　　　　　　E. 记账本位币

10. 会计核算的具体内容包括（　　）。

A. 财物的收发、增减和使用　　　　　B. 收入与成本费用的计算

C. 款项和有价证券的收付　　　　　　D. 债权债务的发生和结算

E. 财务成果的计算和处理

四、判断题

1. 会计的方法实质上就是指记账、算账和报账的方法。　　　　　　　　　（　　）

2. 会计主体是指会计所核算和监督的特定单位或者组织，它界定了从事会计工作和提供会计信息的时间范围。　　　　　　　　　　　　　　　　　　　　　　（　　）

3. 会计主体必然是一个法律主体，而法律主体不一定是会计主体。　　　　（　　）

4. 在会计核算中没有主体的会计是不存在的。　　　　　　　　　　　　　（　　）

5. 会计是一项经济管理活动。 （ ）

6. 货币计量这一基本前提规定了会计核算只能以货币为计量单位。 （ ）

7. 预测和决策是非常重要的，因此是会计的基本职能。 （ ）

8. 会计对任何社会的生产都是必要的，生产愈发展，会计愈重要。 （ ）

9. 会计计量单位只有一种，即货币量度。 （ ）

10. 会计职能只有两个，即核算与监督。 （ ）

11. 会计核算是会计监督的基础，会计监督是会计核算质量的保障。 （ ）

12. 凡是特定主体能够以货币表现的经济活动，都是会计核算和监督的内容，也就是会计的对象。 （ ）

13. 会计能够核算和监督社会再生产过程中的所有经济活动。 （ ）

14. 会计对象是会计所要反映和监督的客体。 （ ）

15. 随着社会经济环境的变化，会计的总目标也是变化的。（ ）。

五、思考题

1. 会计产生和发展的根本动因是什么？

2. 怎样理解会计对于经济发展的重要作用？

3. 什么叫会计的职能？怎样理解会计的职能？

4. 会计假设有哪些？

5. 什么是会计基础？其包括哪几种？

6. 会计核算的方法有哪些？应怎样理解这些方法？

第2章

会计要素和会计等式

一、重点

1.会计要素的含义及分类

会计要素是对会计核算和监督的内容按照一定的标准进行基本分类以后所形成的若干个要素，是会计对象的具体化。会计要素可分为静态会计要素与动态会计要素两大类。静态会计要素包括资产、负债和所有者权益；动态要素包括收入、费用和利润。

2.会计计量属性

会计计量是为了将符合确认条件的会计要素登记入账并列报于财务报表而确定其金额的过程。从会计角度，计量属性反映的是会计要素金额的确定基础，主要包括历史成本、重置成本、可变现净值、现值和公允价值等。

3.会计恒等式

会计等式又称会计恒等式，是运用数学平衡式描述会计要素之间内在的数量关系的表达式，即资产=负债+所有者权益。

二、难点

1.会计六要素的划分

资产是指企业过去的交易或者事项形成的，由企业拥有或者控制的，预期会给企业带来经济利益的资源。资产按其流动性划分为流动资产和非流动资产。负债是指企业过去的交易或者事项形成的、预期会导致经济利益流出企业的现时义务。负债按其偿还期限的长短，可以分为流动负债和非流动负债。所有者权益是指企业资产扣除负债后由所有者享有的剩余权益。所有者权益的计量取决于资产与负债的计量。收入是指企业在日常活动中形成的、会导致所有者权益增加的、与所有者投入资本无关的经济利益的总流入。费用是指企业在日常活动中发生的、会导致所有者权益减少的、与向所有者分配利润无关的经济利益的总流出。利润是指企业在一定会计期间的经营成果，包括收入减去费用后的净额、直接计入当期利润的利得和损失等。

2.会计恒等式的理解

会计期初：资产=负债+所有者权益

会计期间：收入−费用=利润

　　　　　资产=负债+所有者权益+（收入−费用）

　　　　　资产=负债+所有者权益+利润

会计期末：资产′=负债′+所有者权益′

【练习题】

一、名词解释

1.会计要素　2.资产　3.负债　4.所有者权益　5.收入　6.费用　7.利润　8.经济业务　9.会计等式

二、单项选择题

1.现金、应收账款、存货、机器设备属于企业会计要素中（　　　）要素。

A.资产　　　　　　　　B.负债　　　　　　　　C.所有者权益　　　　D.费用

2.下列项目中属于负债内容的是（　　　）。

A.预付账款　　　　　　B.预收账款　　　　　　C.实收资本　　　　　D.投资收益

3.未分配利润属于会计要素中的（　　　）要素。

A.负债　　　　　　　　B.所有者权益　　　　　C.收入　　　　　　　D.利润

4.营业成本属于会计要素中（　　　）要素。

A.资产　　　　　　　　B.负债　　　　　　　　C.收入　　　　　　　D.费用

5.收入是指企业在日常活动形成的、会导致所有者权益增加的、与所有者投入资本无关的（　　　）。

A.经济利益的总流出　　　　　　　　　　B.经济利益的总流入

C.生产费用　　　　　　　　　　　　　　D.经济损耗

6.经济业务发生后，会计等式的平衡关系（　　　）。

A.不会被破坏　　　　　B.会被破坏　　　　　　C.有时会被破坏　　　D.根据情况而定

7.以银行存款偿还应付账款，可使企业的（　　　）。

A.资产与负债同时增加　　　　　　　　　B.资产与负债一增一减

C.资产与负债同时减少　　　　　　　　　D.资产内部项目一增一减

8.某企业5月份资产总额100万元，收回应收账款10万元后，该企业资产总额为（　　　）。

A.100万元　　　　　　B.110万元　　　　　　C.90万元　　　　　　D.120万元

9.下列会计等式错误的是（　　　）。

A.资产=负债+所有者权益

B.收入−费用=利润

C.资产+费用=负债+所有者权益+收入

D.资产−所有者权益=负债

10.企业资产扣除负债后由所有者享有的剩余权益称为（　　　）。

A.权益　　　　　　　　B.工业产权　　　　　　C.债权人权益　　　　　D.所有者权益

11.资产、负债和所有者权益是资金运动的（　　　）。

A.存在形态　　　　B.动态表现　　　　C.静态表现　　　　D.形成来源

12.收入、费用和利润是资金运动的（　　　）。

A.存在形态　　　　B.动态表现　　　　C.静态表现　　　　D.形成来源

13.从任何一个时点看，企业的资产总额与权益总额之间必须保持数量上的平衡关系，用恒等式表示为（　　　）。

A.资产=所有者权益　　　　　　　　B.资产=负债

C.资产=负债+所有者权益　　　　　　D.资产=债务人权益+所有者权益

14.资产计量最重要的基础是（　　　）。

A.现行成本　　　　B.历史成本　　　　C.现行市价　　　　D.可变现净值

15.收到客户支付的3个月前购买设备的货款15万元。这项经济业务所引起的会计要素变动情况属于（　　　）。

A.一项资产与一项负债同时增加　　　B.一项资产与一项负债同时减少

C.一项资产增加，另一项资产减少　　D.一项负债增加，另一项负债减少

16.某企业期初资产总额为468 000元，负债总额为210 000元，以银行存款归还长期借款100 000元后，企业的所有者权益是（　　　）元。

A.368 000　　　　B.258 000　　　　C.158 000　　　　D.410 000

17.下列各项中，符合会计要素收入定义的是（　　　）。

A.罚款所得　　　　　　　　　　　　B.出售材料收入

C.出售无形资产净收益　　　　　　　D.出售固定资产净收益

18.M企业7月1日资产总额200万元，本月发生下列经济业务：（1）4日赊购材料5万元；（2）19日用银行存款偿还短期借款11万元；（3）23日收到购货单位偿还的欠款14万元，存入银行。则7月31日资产总额为（　　　）万元。

A.194　　　　　　B.208　　　　　　C.230　　　　　　D.170

19.动态会计等式是（　　　）。

A.收入−费用=利润

B.资产=负债+所有者权益+利润

C.资产=负债+所有者权益

D.资产=负债+所有者权益+（收入−费用）

20.构成企业所有者权益主体的是（　　　）。

A. 实收资本　　　　B. 资本公积　　　　C. 盈余公积　　　　D. 未分配利润

三、多项选择题

1. 会计恒等式是（　　　）的理论基础。

A.复式记账　　　　　　　B.成本计算　　　　　　　C.编制会计报表

D.试算平衡　　　　　　　E.账户设置

2. 资产具有的基本特征包括（　　　）。

A. 资产是由于过去的交易或事项所引起的

B.资产必须是投资者投入或向债权人借入的

C.资产是企业拥有或者控制的

D.资产预期能够给企业带来经济利益

E.资产是具有实物形态的

3.下列反映财务状况的会计要素有（　　）。

A.资产 　　　　　　　　　B.负债 　　　　　　　　　C.所有者权益

D.收入 　　　　　　　　　E.费用

4.下列反映经营成果的会计要素有（　　）。

A.资产 　　　　　　　　　B.收入 　　　　　　　　　C.费用

D.利润 　　　　　　　　　E.所有者权益

5.下列属于流动资产的有（　　）。

A.银行存款 　　　　　　　B.应收账款 　　　　　　　C.存货

D.无形资产 　　　　　　　E.固定资产

6.下列只能引起资产内部项目发生增减变动的经济业务有（　　）。

A.将现金 2 000 元存入银行

B.用银行存款 15 000 元购入一辆汽车

C.以银行取得短期借款 200 000 元存入银行

D.接受某外商投入人民币 50 000 元存入银行

E.用银行存款偿还欠款 80 000 元

7.企业的收入具体可表现为（　　）。

A.资产的增加

B.负债的减少

C.部分资产的增加和部分负债的减少

D.负债的增加

E.资产的减少

8.所有者权益包括（　　）。

A.实收资本 　　　　　　　B.资本公积 　　　　　　　C.盈余公积

D.未分配利润 　　　　　　E.其他综合收益

9.下列经济业务中属于资产内部此增彼减的有（　　）。

A.从银行提取现金 　　　B.国家向企业投资设备 　　C.以银行存款归还借款

D.以银行存款购买原材料 　　E.用现金发放工资

10.期间费用包括（　　）。

A.管理费用 　　　　　　　B.制造费用 　　　　　　　C.财务费用

D.销售费用 　　　　　　　E.营业成本

11.所有者权益与负债有着本质的不同，即（　　）。

A.两者性质不同 　　　　　　　　　　B.两者偿还期不同

C.两者享受的权利不同 　　　　　　　D.两者风险程度不同

12.以下各项中，属于流动负债的有（　　）。

A.其他应付款 　　　　　　B.应付票据 　　　　　　　C.预收账款

D. 预付账款　　　　　　　　　　E. 应付职工薪酬

13. 非流动负债包括（　　　）。

A. 长期应付款　　　　　　　B. 长期借款　　　　　　　C. 应付债券

D. 应交税费　　　　　　　　E. 应付职工薪酬

14. 下列各项目中，不正确的经济业务类型是（　　　）。

A. 一项资产增加，一项所有者权益减少

B. 资产与负债同时增加

C. 一项负债减少，一项所有者权益增加

D. 负债与所有者权益同时减少

E. 一项资产增加，一项负债减少

15. 经济业务的类型包括（　　　）。

A. 引起资产与权益同时增加的业务

B. 引起资产内部有增有减、总额不变的业务

C. 引起资产增加、权益减少、总额不变的业务

D. 引起权益内部有增有减、总额不变的业务

E. 引起资产减少、权益增加、总额不变的业务

16. 经济业务的发生，会引起资产、负债和所有者权益发生增减变动的情况有（　　　）。

A. 资产和负债、所有者权益同时减少

B. 资产和负债、所有者权益同时增加

C. 资产增加和负债减少

D. 资产增加和负债、所有者权益增加

E. 资产减少和负债、所有者权益减少

17. 一项所有者权益的增加，引起另一方变化的可能是（　　　）。

A. 一项资产的增加　　　　　　　B. 一项负债的增加

C. 一项负债的减少　　　　　　　D. 另一项所有者权益的减少

E. 一项资产的减少

18. 会计恒等式用公式表示为（　　　）。

A. 资产＝负债＋所有者权益　　　　　B. 资产＝债权人权益＋所有者权益

C. 资产＝权益　　　　　　　　　　　D. 资产＝所有者权益

E. 资产＝负债＋所有者权益＋（收入－费用）

19. 下列属于非流动资产的有（　　　）。

A. 固定资产　　　　　　　B. 应收账款　　　　　　　C. 无形资产

D. 银行存款　　　　　　　E. 存货

20. 会计计量的属性主要有（　　　）。

A. 历史成本　　　　　　　B. 重置成本　　　　　　　C. 可变现净值

D. 公允价值　　　　　　　E. 现值

四、判断题

1. 任何经济业务的发生，都会引起资产和权益中至少两个项目的变化，但变化的结果都不会改变资产和权益的总额。　　　　　　　　　　　　　　　　　　（　　）

2. 会计要素是企业交易、事项的具体化，是会计报表的基本要素。　　　（　　）

3. 资产与权益之间是独立关系。　　　　　　　　　　　　　　　　　　（　　）

4. 制造费用属于期间费用，应计入当期损益。　　　　　　　　　　　　（　　）

5. 资产是一种经济资源，具体表现为具有各种实物形态的财产。　　　　（　　）

6. 企业与供应单位签订了 10 万元的购货合同，因此可确认企业资产和负债同时增加10 万元。　　　　　　　　　　　　　　　　　　　　　　　　　　　　　　（　　）

7. 企业的资产来源于所有者和债权人，所有者和债权人都同时有权要求企业偿还他们所提供的资产。　　　　　　　　　　　　　　　　　　　　　　　　　　　　　　（　　）

8. 资产与权益是同一事物的两个方面，两者在数量上必然相等。　　　　（　　）

9. 无论企业发生怎样的经济业务，都不会破坏资产与权益的平衡关系。　（　　）

10. 收入表现为企业资产的增加或负债的减少，或者两者兼而有之。从"资产=负债+所有者权益"的平衡公式来看，收入的上述表现将引起企业所有者权益的增加。　（　　）

11. "资产＝负债＋所有者权益"这个平衡式是企业资金运动的动态表现。　（　　）

12. 投资者投入的资本金应属于企业的资产。　　　　　　　　　　　　　（　　）

13. 如果某项资产不能再为企业带来经济利益，即使是由企业拥有或者控制的，也不能作为企业的资产在资产负债表中列示。　　　　　　　　　　　　　　　　　　（　　）

14. 所有经济业务的发生，都会引起会计等式两边发生变化。　　　　　　（　　）

15. 经济业务的发生，可能对会计等式的平衡产生影响。　　　　　　　　（　　）

16. 在任一时期，都存在"资产=负债+所有者权益"，故称会计恒等式。　（　　）

17. 企业发生任何经济业务，会计等式的左右两方金额永远不变，故永远相等。　　　　　　　　　　　　　　　　　　　　　　　　　　　　　　　　　（　　）

18. 权益指的就是所有者权益。　　　　　　　　　　　　　　　　　　　（　　）

19. 所有者权益是指企业的所有者对企业资产的要求权。　　　　　　　　（　　）

20. 会计要素中既有反映财务状况的要素，也有反映经营成果的要素。　（　　）

五、思考题

1. 简述会计六要素的特征、内容及各要素之间的关系。

2. 会计等式的内容有哪些？

3. 为什么经济业务的发生不会影响会计等式的平衡关系？试举例说明。

4. 会计事项的类型有哪些？

5. 固定资产和库存现金都属于资产，如果要你选择一项资产，你会选择哪一个？

六、技能题

1.【目的】练习会计要素。

【资料】

项　目	会计要素
（1）营业外收入	A. 资产
（2）实收资本	B. 负债
（3）应收账款	C. 所有者权益
（4）预收账款	D. 收入
（5）管理费用	E. 费用
（6）其他业务收入	F. 利润

【要求】用直线连接，说明上述项目应归属哪个会计要素。

2.【目的】练习会计要素。

【资料】①房屋建筑物；②专利权；③库存材料；④银行存款；⑤运输设备；⑥在建的房屋；⑦应收取的销货款；⑧期末在产品；⑨机器设备；⑩应付的购货款；⑪应交纳的税费；⑫投资者投入资本；⑬企业实现的利润；⑭对利润的分配；⑮提取的公积金。

【要求】说明上述项目应归属哪个会计要素。

3.【目的】了解经济业务发生后所引起的资产、负债、所有者权益的增减变化情况。

【资料】某企业 2017 年 7 月份发生部分经济业务如下：

①收回应收账款 30 000 元存入银行。

②以银行存款 100 000 元购入机床一台。

③收到甲投资者投入的现金 1 000 000 元。

④从银行提取现金 30 000 元。

⑤以银行存款 16 000 元偿还短期借款。

⑥以银行存款支付前欠东方公司的购货款 180 000 元。

⑦将多余的现金 6 000 元存入银行。

⑧购入材料 150 000 元，货款未付。

⑨以现金 20 000 元发放职工工资。

⑩收回应收账款 80 000 元，其中 50 000 元直接归还银行短期借款，其余款存入银行。

【要求】

（1）分析每笔经济业务所引起的资产和权益有关项目的增减变化情况，填入表 2-1 中。

表 2-1　　　　　　　　　　资产和权益变动情况表

2017 年 7 月　　　　　　　　　　　　　　单位：元

业务序号	涉及的资产、权益项目	资产		负债和所有者权益	
		增加金额	减少金额	增加金额	减少金额

业务序号	涉及的资产、权益项目	资产		负债和所有者权益	
		增加金额	减少金额	增加金额	减少金额
合　计					

（2）计算资产和权益的增减净额，验证两者是否相等。

4.【目的】了解资产、负债、所有者权益的增减变动及其平衡关系。

【资料】（1）假定某企业 2017 年 8 月 31 日资产和权益的状况见表 2-2。

表 2-2　　　　　　　　资产和权益状况表

固定资产 650 000 元	原材料 32 000 元
应交税费 5 000 元	应收账款 110 000 元
银行存款 210 000 元	实收资本 1 000 000 元
本年利润 120 000 元	库存现金 800 元
应付账款 29 800 元	短期借款 150 000 元
生产成本 260 000 元	其他应收款 3 000 元
库存商品 39 000 元	

（2）该企业 9 月份发生下列经济业务：

①从银行提取现金 5 000 元。

②采购员王红预借差旅费 5 000 元，财务科以现金支付。

③以银行存款缴清上月欠缴税金 5 000 元。

④从某厂购入材料 8 000 元，货款尚未支付。

⑤外单位投入新机器一台，作为对该企业的投资，价值 35 000 元。

⑥从银行取得短期借款 100 000 元，存入银行。

⑦以银行存款偿还某厂货款 37 800 元（包括上月所欠 29 800 元和本月所欠 8 000 元）。

⑧生产车间领用材料 16 000 元。

⑨收到新华厂归还上月所欠货款 8 000 元，存入银行。

⑩以银行存款归还银行短期借款 150 000 元。

【要求】

（1）根据资料（1），分清资产、负债、所有者权益，编制 8 月末的资产和权益平衡表（见表 2-3）。

表 2-3

资产和权益平衡表

2017 年 8 月 31 日　　　　　　　　　　　　　单位：元

资　产	金　额	负债和所有者权益	金　额
合　计		合　计	

（2）根据资料（2），明确资产、负债、所有者权益的增减变化及其结果，编制 9 月末的资产和权益增减变化平衡表（见表 2-4）。

表 2-4

资产和权益增减变化平衡表

2017 年 9 月 30 日　　　　　　　　　　　　　单位：元

资产	增减前金额	增加	减少	增减后金额	负债和所有者权益	增减前金额	增加	减少	增减后金额
合计					合计				

第3章

会计科目和账户

【重点与难点】

一、重点

1. 会计科目划分

会计科目是按照经济业务的内容和经济管理的要求，对会计要素的具体内容进行科学分类核算的科目。按反映的经济内容不同，会计科目分为资产类科目、负债类科目、所有者权益类科目、共同类科目、成本类科目、损益类科目。按反映经济内容的详细程度不同，会计科目分为总分类会计科目和明细分类会计科目。

2. 账户的结构

账户是用来记录会计科目所反映经济业务内容的工具，它是根据会计科目开设的。账户以会计科目作为它的名称，同时它又具备自己一定的格式，即结构。账户通过两列分别记录经济内容的增加（减少）与减少（增加），这就是账户的基本结构。

3. 会计科目与账户的关系

会计科目和账户所反映的会计对象的具体内容是相同的，都是体现对会计要素具体内容的分类。会计科目是账户的名称，而账户是根据会计科目来设置的。因此，会计科目的性质决定了账户的性质。账户具有结构，会计科目是没有结构的。

二、难点

会计科目与账户的区别主要表现为账户具有结构，而会计科目是没有结构的。

【练习题】

一、名词解释

1. 会计科目　2. 总分类会计科目　3. 明细分类会计科目　4. 账户

二、单项选择题

1. 会计科目是（　　）。

A.会计要素的名称　　　　　　　　　　B.报表的项目

C.账簿的名称　　　　　　　　　　　　D.账户的名称

2.账户结构一般分为（　　　）。

A.左右两方　　　　　　　　　　　　　B.上下两部分

C.发生额、余额两部分　　　　　　　　D.前后两部分

3.账户的余额一般与（　　　）在一方。

A.增加额　　　　　　　　　　　　　　B.金额

C.减少额　　　　　　　　　　　　　　D.发生额

4.会计科目是对（　　　）的具体内容分门别类进行核算所规定的项目。

A.会计报表　　　　B.会计要素　　　　C.会计主体　　　　D.会计账户

5.会计账户开设的依据是（　　　）。

A.会计对象　　　　B.会计要素　　　　C.会计科目　　　　D.会计方法

6.开设明细分类账户的依据是（　　　）。

A.总分类科目　　　　　　　　　　　　B.明细分类科目

C.试算平衡表　　　　　　　　　　　　D.会计要素内容

7.下列属于资产类会计科目的是（　　　）。

A.预收账款　　　　　　　　　　　　　B.利润分配

C.预付账款　　　　　　　　　　　　　D.其他业务成本

8.下列属于负债类会计科目的是（　　　）。

A.预收账款　　　　　　　　　　　　　B.本年利润

C.主营业务收入　　　　　　　　　　　D.应收账款

9.下列属于成本类会计科目的是（　　　）。

A.制造费用　　　　B.销售费用　　　　C.管理费用　　　　D.财务费用

10.下列账户中，与负债类账户结构相同的是（　　　）账户的结构。

A.资产类　　　　　B.成本类　　　　　C.费用类　　　　　D.所有者权益类

11.会计科目和账户之间的联系是（　　　）。

A.内容相同　　　　B.结构相同　　　　C.格式相同　　　　D.两者不相关

12.账户按（　　　）不同，可以分为总分类账户和明细分类账户。

A.会计要素　　　　　　　　　　　　　B.用途和结构

C.核算的经济内容　　　　　　　　　　D.提供核算信息的详细程度

13.下列属于总分类科目的是（　　　）。

A.甲材料　　　　　B.临时借款　　　　C.累计折旧　　　　D.股票投资

14.下列属于明细分类科目的是（　　　）。

A.销售费用　　　　B.其他应收款　　　　C.盈余公积　　　　D.差旅费

15.账户的右边记录的发生额为（　　　）。

A.增加发生额　　　　　　　　　　　　B.减少发生额

C.增加或减少发生额　　　　　　　　　D.以上都不对

三、多项选择题

1. 会计科目按其所属的会计要素不同，分为（　　　）。

A. 资产类 　　　　　　　B. 负债类 　　　　　　　C. 所有者权益类

D. 损益类 　　　　　　　E. 成本类

2. 下列项目中，属于会计科目的有（　　　）。

A. 固定资产 　　　　　　B. 机器工时 　　　　　　C. 原材料

D. 未完工产品 　　　　　E. 工资

3. 账户中各项金额的关系可用（　　　）表示。

A. 本期期末余额＝本期期初余额＋本期增加发生额－本期减少发生额

B. 本期期末余额＋本期减少发生额＝本期期初余额＋本期增加发生额

C. 本期期末余额＝本期增加发生额＋本期减少发生额

D. 本期期末余额＝本期期初余额

E. 本期期末余额＝本期增加发生额－本期减少发生额

4. 账户中的各项金额包括（　　　）。

A. 期初余额 　　　　　　B. 期末余额 　　　　　　C. 本期增加额

D. 本期减少额 　　　　　E. 本期发生额

5. 账户的特点可归纳为（　　　）。

A. 按相反方向记录增加额和减少额

B. 账户的余额一般与记录的增加额在同一方向

C. 期初余额与上期的期末余额在同一方向

D. 上期的期末余额等于本期的期初余额

E. 上期的期末余额不等于本期的期初余额

6. 下列属于资产类科目的有（　　　）。

A. "库存现金" 　　　　　B. "无形资产" 　　　　　C. "应收账款"

D. "固定资产" 　　　　　E. "预收账款"

7. 下列属于负债类科目的有（　　　）。

A. "预付账款" 　　　　　B. "短期借款" 　　　　　C. "应付票据"

D. "应付职工薪酬" 　　　E. "预收账款"

8. 下列属于成本类会计科目的有（　　　）。

A. "制造费用" 　　　　　B. "管理费用" 　　　　　C. "财务费用"

D. "生产成本" 　　　　　E. "销售费用"

9. 账户一般应包括的内容有（　　　）。

A. 账户名称 　　　　　　B. 日期和凭证号数 　　　C. 摘要

D. 增加方、减少方 　　　E. 余额

10. 关于会计科目的设置，下列说法中正确的有（　　　）。

A. 会计科目的设置应当与国家统一的会计准则的要求相一致

B. 会计科目的设置需要满足企业内部管理和外部信息使用者的需要

C. 鉴于企业的不同、业务特点的不同，会计科目的设置可能有所区别

D. 会计科目的设置不需要考虑外部信息使用者的需要

E. 会计科目的设置必须统一，不得变化

11. 下列关于会计科目和账户的说法中，错误的有（　　　）。

A. 会计科目是账户的名称

B. 会计科目分为资产类、负债类与所有者权益类三大类

C. 所有的账户均有期末余额

D. 账户可分为总分类账户与明细分类账户

E. 会计科目的性质决定账户的性质

12. 下列属于所有者权益类会计科目的有（　　　）。

A. "实收资本"　　　　　　　　　　　B. "长期股权投资"

C. "本年利润"　　　　　　　　　　　D. "利润分配"

13. 下列属于损益类会计科目的有（　　　）。

A. "制造费用"　　　　　　　　　　　B. "营业外收入"

C. "本年利润"　　　　　　　　　　　D. "投资收益"

14. 会计科目的设置原则有（　　　）。

A. 合法性　　　　　B. 相关性　　　　　C. 实用性　　　　　D. 统一性

15. 会计科目（　　　）。

A. 是复式记账的基础

B. 是编制记账凭证的基础

C. 为成本核算和财产清查提供了前提条件

D. 为编制会计报表提供了方便

四、判断题

1. 会计科目就是账户。　　　　　　　　　　　　　　　　　　　　　　　（　　）

2. 账户的余额一般与记录减少额在同一方向。　　　　　　　　　　　　　（　　）

3. 所有的总分类科目下都必须开设明细分类科目。　　　　　　　　　　　（　　）

4. 会计科目与账户反映的内容是一致的，因而两者之间并无区别。　　　　（　　）

5. 账户都是依据会计科目开设的。　　　　　　　　　　　　　　　　　　（　　）

6. 企业只能使用国家统一的会计准则规定的会计科目，不得自行增减或合并。

（　　）

7. 所有账户的左边都是记录经济业务的增加数，右边都是记录经济业务的减少数。

（　　）

8. 账户的期末余额等于本期增减数额之差。　　　　　　　　　　　　　　（　　）

9. 为了满足管理的需要，企业会计账户的设置越细越好。　　　　　　　　（　　）

10. 会计账户开设的依据是会计对象。　　　　　　　　　　　　　　　　（　　）

11. 每一会计科目都要有明确的含义、核算范围。　　　　　　　　　　　（　　）

12. 经济业务的各种变动在数量上只有增加和减少两种情况。　　　　　　（　　）

13. 企业在设置会计科目时，允许企业在不违背会计准则的前提下，在不影响会计核算要求和会计报表指标汇总的条件下，根据实际情况自行设置一些科目。　　　（　　）

14.总分类会计科目和明细分类会计科目的性质相同，但反映的经济内容及提供的核算信息详细程度不同。 （　　）

15.记账中，账户的左右两方，究竟哪一方登记增加数，哪一方登记减少数，取决于所采用的记账方法和各账户的性质。 （　　）

五、思考题

1.什么是会计科目？为什么要设置会计科目？

2.会计科目可以分为几类？是如何分级的？

3.总分类会计科目与明细分类会计科目的关系是什么？

4.简述会计账户的基本结构。

5.简述会计科目与会计账户的关系。

6.为什么要设置账户？如何理解会计对象、会计要素和会计账户的关系？

六、技能题

1.【目的】练习会计科目分类。

【资料】

会计科目	会计要素
（1）短期借款	A.资产
（2）盈余公积	
（3）应交税费	B.负债
（4）预付账款	
（5）交易性金融资产	C.所有者权益

【要求】用直线连接，说明上述会计科目应归属于哪个会计要素。

2.【目的】练习企业会计要素的确认和会计科目的使用。

【资料】某工业企业部分经济内容与会计科目对应表见表3-1。

表3-1　　　　　经济内容与会计科目对应表

序号	经济内容	应属科目性质	应属会计科目
1	厂部办公大楼		
2	库存各种原材料		
3	机器设备、汽车		
4	库存现金		
5	偿还期为半年的银行借款		
6	库存完工待售产品		
7	存入开户银行的款项		
8	车间厂房		
9	企业职工借支的款项		
10	应收购货单位货款		

续表

序号	经济内容	应属科目性质	应属会计科目
11	应付供应单位货款		
12	向购货单位预收的销货款		
13	向供应单位预付的购料款		
14	收到的国家投入的资本金		
15	尚在车间生产的产品发生的费用		
16	车间组织管理产品生产发生的费用		
17	企业行政管理部门发生的费用		
18	短期借款利息费用		
19	销售商品发生的广告等费用		
20	预收的包装物押金		
21	预付的包装物押金		
22	应收的保险赔款		
23	应付职工工资		
24	应交纳的各种税金		
25	销售商品实现的收入		
26	销售商品负担的税金		
27	已售商品原来的生产成本		
28	本年已实现的净利润		
29	已分配利润		
30	应付给投资者的利润		
31	企业拥有的专利权、商标权		
32	从税后利润中提留的公共积累		

【要求】根据资料所列经济内容，分别判定其应归属的会计科目及其性质，并填入表 3-1 中。

第4章

复式记账

【重点与难点】

一、重点

1.复式记账的含义

复式记账法，是指对发生的每一项经济业务，都以相等的金额，在相互联系的两个或两个以上账户中同时进行记录的记账方法。这种记账方法对每一项经济业务，从资金运动的内在联系出发，以相等的金额在两个或两个以上的有关账户中进行全面登记，有关账户之间的对应关系清楚，能反映资金的来龙去脉，反映经济业务的全过程，而且有关账户之间具有内在的平衡关系，便于检查账户记录的正确性，因此它是一种科学的记账方法。复式记账法是经过长期的会计实践形成的。过去，在我国，复式记账法有多种，主要有借贷记账法、增减记账法和收付记账法。

2.借贷记账法的特点

借贷记账法，是指以"借"和"贷"作为记账符号，对每一项经济业务，以相等的金额在两个或两个以上相互联系的账户中同时进行记录的一种复式记账法。在借贷记账法下，所有账户的借方和贷方都要按相反的方向记录，即一方登记增加额，另一方登记减少额。借贷记账法的试算平衡是指根据借贷记账法的记账规则与会计等式检查账户记录是否正确的一种方法，主要包括发生额试算平衡法和余额试算平衡法。发生额试算平衡法是检查本期记录的所有账户的借方发生额合计与贷方发生额合计是否正确的方法；余额试算平衡法是检查期末（或期初）所有账户借方余额合计与所有账户贷方余额合计是否正确的方法。

二、难点

借贷记账法下各类账户的结构如下：

资产类账户的结构是：借方登记资产的增加额，贷方登记资产的减少额，账户的余额通常在借方。

负债类账户的结构是：贷方登记负债的增加额，借方登记负债的减少额，账户的余额通常在贷方。

共同类账户的结构是：当该账户反映资产内容时，就按资产类账户结构登记；当该账户反映负债内容时，就按负债类账户结构登记。

所有者权益类账户的结构是：贷方登记所有者权益的增加额，借方登记所有者权益的减少额，账户的余额通常在贷方。

成本类账户的结构：在基本结构上与资产类账户是一致的，借方登记成本的增加额，贷方登记成本的转出额。期末余额通常为零，若有余额一般为借方余额，表示期末尚未转为资产的成本数额。

损益类账户包括收入类账户和费用类账户。

收入类账户的结构是：贷方登记收入的增加额，借方登记收入的减少额和转出额，期末没有余额。

费用类账户的结构是：借方登记费用的增加额，贷方登记费用的减少额和转出额，期末没有余额。

【练习题】

一、名词解释

1.单式记账法　2.复式记账法　3.借贷记账法　4.对应账户　5.会计分录　6.试算平衡

二、单项选择题

1.借贷记账法的理论基础是（　　　）。

A.会计等式　　　　B.会计要素　　　　C.会计原则　　　　D.复式记账法

2.简单会计分录具有（　　　）的对应关系。

A.一借一贷　　　　B.一借多贷　　　　C.一贷多借　　　　D.多借多贷

3.复式记账就是对每一项经济业务的发生，都要在相互联系的两个或两个以上的账户中（　　　）。

A.连续登记　　　　　　　　　　　B.补充登记

C.平行登记　　　　　　　　　　　D.以相等的金额进行登记

4.借贷记账法账户的基本结构是左边为（　　　）。

A.增加方　　　　B.减少方　　　　C.借方　　　　D.贷方

5.同时引起资产、负债减少的业务可能是（　　　）。

A.以现金购买固定资产　　　　　　B.存货被火灾焚毁

C.归还银行借款　　　　　　　　　D.收到客户所欠的货款

6.把账户分为借贷两方，哪一方记增加，哪一方记减少，取决于（　　　）。

A.记账方法　　　　　　　　　　　B.记账规则

C.会计核算的方法　　　　　　　　D.账户的经济内容

7.在账户中相互联系地记录经济业务的专门方法是（　　　）。

A.复式记账　　　　B.登记账簿　　　　C.填制凭证　　　　D.成本计算

8.某资产类账户期初余额为 2 000 元，借方本期发生额 6 000 元，贷方本期发生额 5 000 元，则该账户期末余额为（　　）元。

A.1 000　　　　　　B.2 000　　　　　　C.3 000　　　　　　D.13 000

9.某权益类账户期初余额为 4 000 元，借方本期发生额 10 000 元，期末余额 6 000 元，则该账户贷方本期发生额为（　　）元。

A.8 000　　　　　　B.20 000　　　　　　C.0　　　　　　D.12 000

10.账户的借方登记（　　）。

A.资产的增加　　　　　　　　　　　B.费用的减少

C.所有者权益的增加　　　　　　　　D.负债的增加

11.下列各账户，在借贷记账法下，本期增加的金额记入借方的有（　　）。

A."银行存款"　　　　　　　　　　B."实收资本"

C."主营业务收入"　　　　　　　　D."长期借款"

12."固定资产"账户本期借方发生额 6 000 元，贷方发生额 5 000 元，期末余额 9 000 元，则期初余额（　　）元。

A.10 000　　　　　　B.8 000　　　　　　C.2 000　　　　　　D.1 000

13."应付账款"账户期初贷方余额 85 000 元，本期借方发生额 18 000 元，期末余额 99 000 元，则本期贷方发生额（　　）元。

A.18 000　　　　　　B.32 000　　　　　　C.117 000　　　　　　D.166 000

14.账户的对应关系是指（　　）。

A.总分类账户与明细分类账户之间的关系

B.有关账户之间的应借应贷关系

C.资产类账户与负债类账户之间的关系

D.成本类账户与损益类账户之间的关系

15.采用复式记账的方法，主要是为了（　　）。

A.便于登记账簿

B.如实地、完整地反映经济业务的来龙去脉

C.提高会计工作的效率

D.便于会计人员的分工协作

16.采用复式记账法时，对任何一项经济业务登记的账户数量应是（　　）。

A.仅为一个　　　　B.仅为两个　　　　C.两个或两个以上　　D.均可

17.借贷记账法的余额试算平衡的依据是（　　）。

A.资金运动变化规律　　　　　　　　B.会计等式平衡原理

C.会计账户结构　　　　　　　　　　D.平行登记基本原理

18."借贷"记账符号表示（　　）。

A.债权债务关系的变化　　　　　　　B.记账金额

C.平衡关系　　　　　　　　　　　　D.记账方向

19.借贷记账法的记账规则是（　　）。

A.以相等的金额在两个或两个以上的账户中同时进行登记

B.有借必有贷，借贷必相等

C.账户的借方登记减少数，贷方登记增加数

D.账户的借方登记增加数，贷方登记减少数

20.存在着对应关系的账户，称为（　　　）。

A.联系账户　　　　　B.平衡账户　　　　　C.恒等账户　　　　　D.对应账户

21.账户发生额试算平衡法是根据（　　　）。

A.借贷记账法的记账原则　　　　　　　　B.经济业务的内容

C.会计等式　　　　　　　　　　　　　　D.经济业务的类型

22.按照借贷记账法下的账户结构，下列项目中，（　　　）类账户与负债类账户结构相同。

A.资产　　　　　　　B.成本　　　　　　　C.费用　　　　　　　D.所有者权益

23.在"试算平衡"时，如果期初余额、本期发生额和期末余额的借方和贷方均平衡，则（　　　）。

A.全部总账账户记录一定正确　　　　　　B.全部明细账户记录一定正确

C.全部总账账户记录可能有误　　　　　　D.全部总账账户记录一定有错

24.资产类账户的结构与权益类账户的结构（　　　）。

A.无关　　　　　　　B.相同　　　　　　　C.相反　　　　　　　D.基本相同

25.应在账户借方核算的是（　　　）。

A.负债类账户的增加额　　　　　　　　　B.所有者权益类账户的增加额

C.收入类账户的增加额　　　　　　　　　D.成本类账户的增加额

三、多项选择题

1."借"字表示（　　　）。

A.资产的增加　　　　　B.负债的减少　　　　　C.收益的结转

D.费用成本的增加　　　E.资产的减少

2."贷"字表示（　　　）。

A.资产的增加　　　　　B.负债的增加　　　　　C.所有者权益的增加

D.收益的增加　　　　　E.资产的减少

3.借贷记账法下的试算平衡公式有（　　　）。

A.借方科目金额=贷方科目金额

B.全部账户借方发生额合计=全部账户贷方发生额合计

C.借方期末余额=借方期初余额+本期借方发生额−本期贷方发生额

D.全部账户期初借方余额合计=全部账户期初贷方余额合计

E.全部账户期末借方余额合计=全部账户期末贷方余额合计

4.通过账户对应关系可以（　　　）。

A.检查经济业务处理是否合理合法　　　　B.了解经济业务的内容

C.进行试算平衡　　　　　　　　　　　　D.登记账簿

E.编制会计分录

5.每一笔分录都包括（　　　）。

A.会计科目　　　　　　　B.记账方向　　　　　　　C.金额

D. 对应关系　　　　　　　　E. 试算平衡

6. 复合会计分录包括（　　）。

A. 一借多贷　　　　　　B. 一贷多借　　　　　　C. 多借多贷

D. 一借一贷　　　　　　E. 无借无贷

7. "借贷"记账符号表示（　　）。

A. 借表示资产类账户的增加，贷表示负债类账户的增加

B. 记账金额

C. 平衡关系

D. 记账方向

E. 借方登记全部账户的减少数

8. 不能通过试算平衡发现的错误有（　　）。

A. 某项经济业务重复入账

B. 某项业务未入账

C. 应借应贷账户中借贷方向颠倒

D. 借贷双方同时多记了经济业务的金额

E. 借贷双方同时少记了经济业务的金额

9. 记账方法按记账方式的不同，可以分为（　　）。

A. 借贷记账法　　　　　B. 单式记账法　　　　　C. 复式记账法

D. 增减记账法　　　　　E. 收付记账法

10. 关于借贷记账法，下列说法中正确的有（　　）。

A. 有借必有贷　　　　　B. 借贷必相等　　　　　C. 只可一借一贷

D. 可一借多贷　　　　　E. 可多借一贷

四、判断题

1. 在借贷记账法下，不可以设置和运用既可以是资产又可以是负债的双重性账户。
　　　　　　　　　　　　　　　　　　　　　　　　　　　　　（　　）

2. 通过试算平衡表来检查账簿记录，如果试算平衡了，可以肯定账簿记录没有错误。
　　　　　　　　　　　　　　　　　　　　　　　　　　　　　（　　）

3. 借贷记账法下，账户的借方表示增加，贷方表示减少。　　　　（　　）

4. 单式记账法的缺点是不能反映交易或事项的来龙去脉，不能进行试算平衡。
　　　　　　　　　　　　　　　　　　　　　　　　　　　　　（　　）

5. 一个账户的借方如果用来记录增加额，其贷方一定用来记录减少额。（　　）

6. 会计分录包括经济业务涉及的账户名称、记账方向和金额三方面内容。（　　）

7. 凡是借方余额的账户均属于资产类账户。　　　　　　　　　　（　　）

8. 借贷记账法的记账规则是：有借必有贷，借贷必相等。　　　　（　　）

9. 丁字账的结构中，左边代表借方，右边代表贷方。　　　　　　（　　）

10. 余额试算平衡是根据会计恒等式的平衡关系检验账户记录的正确性。（　　）

五、思考题

1. 复式记账的优越性表现在哪些方面？

2.借贷记账法的基本内容是什么？

六、技能题

1.【目的】通过练习，掌握借贷记账法下资产、负债、所有者权益账户的结构。

【资料】月末，红光公司有关账户资料见表4-1。

表4-1　　　　　　　　　账户金额变动表　　　　　　　　　　单位：元

账户名称	期初余额		本期发生额		期末余额	
	借方	贷方	借方	贷方	借方	贷方
银行存款	4 000 000		300 000	2 000 000		
短期借款		200 000		500 000		400 000
固定资产			200 000	300 000	600 000	
管理费用	0	0	80 000		0	0
盈余公积		800 000	400 000	600 000		
本年利润	30 000		100 000		40 000	
主营业务收入	0	0		15 000 000	0	0
应交税费		80 000	40 000	80 000		
生产成本			150 000	800 000	50 000	
预收账款		5 000	30 000	20 000		

【要求】在表格所空的金额栏中填入正确的数字。

2.【目的】练习通过账户对应关系了解经济业务的内容。

【资料】某企业2017年10月部分账户登记如下：

库存现金		原材料	
期初余额2 000		期初余额10 000	
（1）5 000	（5）1 000	（2）8 000	
		（7）1 000	

银行存款		固定资产	
期初余额50 000	（1）5 000	期初余额30 000	
（6）8 000	（3）10 000	（3）10 000	
	（4）1 000		
	（7）1 000		
	（8）20 000		

应收账款			短期借款	
期初余额8 000				期初余额40 000
	（6）8 000		（8）20 000	

其他应收款			应付账款	
期初余额1 000				期初余额5 000
（5）1 000			（4）1 000	（2）8 000

【要求】根据账户的对应关系，用文字叙述以上账户中登记的（1）～（8）项经济业务的内容，并写出会计分录。

3.【目的】练习借贷记账法的原理。

【资料】（1）某公司 2017 年 11 月 1 日有关总分类账户的期初余额见表 4-2。

表 4-2　　　　　　　　　　　总分类账户期初余额表　　　　　　　　　　　单位：元

账户名称	借方金额	账户名称	贷方金额
库存现金	1 000	短期借款	200 000
银行存款	250 000	应付账款	141 000
应收账款	100 000	实收资本	600 000
其他应收款	0		
原材料	75 000		
固定资产	450 000		
生产成本	65 000		
合　计	941 000	合　计	941 000

（2）该公司 11 月份发生下列经济业务：

①10 日，投资人 B 投入新设备一台，价值 80 000 元。

②12 日，企业用银行存款归还前欠外单位应付账款 100 000 元。

③18 日，企业收到外单位前欠货款 80 000 元，存入银行。

④20 日，企业向银行借入短期借款 20 000 元，直接归还前欠货款。

⑤21 日，企业购入原材料一批，计价 150 000 元，货款尚未支付。

⑥22 日，企业用银行存款归还应付账款 120 000 元。

⑦26 日，张明因公出差，预借差旅费 500 元，以现金给付。

⑧27 日，车间生产产品领用原材料 25 000 元。

【要求】

（1）根据资料（1）开设总分类账户并登记期初余额；

（2）根据上述经济业务编制会计分录；

（3）过（登）账和结账；

（4）编制本月发生额和余额试算平衡表。

第5章

借贷记账法的应用

一、重点

1.账户和借贷记账法在企业各个生产经营环节的具体应用

制造业企业的生产经营环节依次包括筹集资金环节、生产准备环节（即供应环节）、产品生产环节、产品销售环节、财务成果形成和分配环节。运用借贷记账法进行核算，不同环节，设置和登记的账户不同，编制的会计分录不同。

在筹集资金环节，包括投入资本核算和借款核算，运用的核心账户是"实收资本"、"短期借款"和"长期借款"。企业收到投入资本要贷记"实收资本"账户，借记有关资产账户；企业取得借款要贷记"短期借款"或"长期借款"账户，借记"银行存款"账户。

在供应环节，核算原材料的购进和入库以及款项的结算，运用的核心账户是"原材料"、"应交税费"、"应付账款"和"预付账款"。企业购进原材料要借记"原材料""应交税费"账户，贷记"银行存款"或"应付账款"或"预付账款"等账户。

在产品生产环节，核算发生的各项生产费用以及行政管理部门为管理生产发生的费用，计算并结转完工入库产成品成本，运用的核心账户是"生产成本"和"制造费用"。发生的直接费用要借记"生产成本"账户，贷记"原材料"和"应付职工薪酬"等账户；发生的间接费用要借记"制造费用"账户，贷记"原材料""应付职工薪酬""累计折旧""银行存款"等账户；行政管理部门发生的费用要借记"管理费用"账户，贷记"原材料""应付职工薪酬""累计折旧""银行存款""其他应收款"等账户。月末，对本月归集的制造费用在生产的各种产品之间进行分配，首先要选择分配标准，其次进行计算。根据计算结果，借记"生产成本"账户，贷记"制造费用"账户。月末，计算出本月各种完工产品成本，借记"库存商品"账户，贷记"生产成本"账户。

在产品销售环节，核算销售产品取得的收入，以及为了取得收入付出的代价，包括发生的销售费用、销售成本以及税金和附加费，运用的核心账户是"主营业务收入"、"主营业务成本"、"销售费用"和"税金及附加"。取得的销售收入要借记"银行存款""应收账款"等账户，贷记"主营业务收入""应交税费"账户。发生的销售费用要借记"销售费用"账户，贷记"银行存款"等账户。结转的已销产品成本要借记"主营业务成本"账户，贷记"库存商品"账户。计算应上交的税金和附加费要借记"税金及附加"账户，贷记"应交税费"账户。

在财务成果形成和分配环节，核算本年利润的形成和利润分配的情况，运用的核心账户是"本年利润"和"利润分配"。期末，将本期实现的收入和发生的费用结转到"本年利润"账户，要借记各收入类账户，贷记"本年利润"账户；借记"本年利润"账户，贷记各费用类账户。对于本期实现的净利润，要在企业和投资者之间进行分配，提取的盈余公积要借记"利润分配"账户，贷记"盈余公积"账户；向投资者分配的利润要借记"利润分配"账户，贷记"应付股利"账户。

2. 材料采购成本的计算

在供应环节购入的材料，其采购成本由买价和采购费用两部分构成。各种材料的买价已在发票上标明，不需要进行分配计算。如果同时购进两种及以上材料，采购费用则需要在不同材料之间进行分配。分配采购费用时，首先确定分配标准（可以是重量、价格、体积等），要使分配的结果合理，实际中根据具体情况选择采用；其次计算采购费用分配率；最后计算各种材料应负担的采购费用。各种材料的买价加上分配的采购费用就是其采购成本。

3. 利润的计算方法

利润是企业在一定会计期间取得的最终经营成果。企业的利润包括三个层次：营业利润、利润总额和净利润。营业利润是企业日常活动的经营成果，是利润的主要来源，是会计要素概念中的收入与费用的差额。利润总额是企业全部经营活动的成果，是营业利润加上营业外收入减去营业外支出的金额。净利润是利润总额减去所得税费用后的金额。

二、难点

1. 产品生产成本的计算

产品生产成本是指企业为制造一定种类、一定数量的产品而发生的各种生产费用的总和。生产费用包括直接费用和间接费用。直接费用在发生时直接计入各种产品成本，无须在各种产品之间进行分配；间接费用在发生时不能直接计入产品成本，需要按期采用一定方法分配计入各种产品的成本。各种产品耗费的直接费用加上应分摊的间接费用，构成了该种产品的生产成本。在计算各月完工产品成本时，还需要将归集到某种产品的生产成本在本月完工产品和月末在产品之间进行分配，具体分配方法将在鲁亮生教授编著的《成本会计》中学习。分配完之后，用"期初在产品成本"加上"本期的生产费用"减去"期末在产品成本"，就得出本月完工产品成本。

2. 坏账准备的计提

企业无法收回的应收款项称为坏账；因坏账而产生的损失，称为坏账损失。企业会计准则规定坏账采用备抵法核算，即企业每期期末采用专门方法（本教材只介绍账龄分析法）进行应收款项减值损失的测试，计算出本期估计的坏账损失金额，也是本期应计提的坏账准备金额。然后，根据该金额借记"资产减值损失"账户，贷记"坏账准备"账户。

3.短期借款和长期借款利息的核算

企业取得的借款，按照偿还期限长短分为短期借款和长期借款。借入的短期借款和长期借款都需要到期偿还本金，按期支付利息。企业支付的借款利息，是一项支出，称作财务费用。企业遵循权责发生制，借款利息如果按月支付，则费用的发生和支付在同一会计期间，此时，根据本月支付的利息，借记"财务费用"账户，贷记"银行存款"账户；借款利息如果不是按月支付，而是按季支付或按年支付，甚至是到期一次支付，则费用的发生和支付不在同一会计期间，此时，需要按月计提利息，根据本月应支付的利息，借记"财务费用"账户，贷记"应付利息"账户。

4.所得税核算

企业所得税是国家以企业取得的生产经营所得和其他所得为征税对象所征收的一种税，是根据企业一定期间的应纳税所得额和所得税税率计算确定的。应交所得税=应纳税所得额×所得税税率。因为，应纳税所得额是按照税法规定计算的，而利润总额是按照会计准则规定计算的，税法规定和会计准则规定不完全一致，具体不一致情况在陈德萍教授主编的《财务会计》中学习。所以，同一企业在相同的会计期间，应纳税所得额和利润总额二者存在差异。需要在已计算出的利润总额的基础上，调整计算应纳税所得额。为简化核算，本教材忽略二者的差异，假定应纳税所得额和利润总额是相同的。那么，应交所得税=利润总额×所得税税率。企业缴纳所得税所形成的费用称作所得税费用。对于计算出的应交所得税，借记"所得税费用"账户，贷记"应交税费"账户。

【练习题】

一、名词解释

1.实收资本　2.采购成本　3.制造成本　4.期间费用　5.累计折旧　6.产品销售成本　7.税金及附加　8.销售费用　9.管理费用　10.财务费用　11.坏账损失　12.利润总额　13.净利润　14.盈余公积

二、单项选择题

1.实收资本是指企业实际收到投资者投入的资本，它是企业（　　　）中的主要组成部分。

A.资产　　　　　　B.负债　　　　　　C.所有者权益　　　D.收入

2.某企业从外地购入A材料20吨，货款计20 000元，税款计3 400元，并以现金支付所负担的A材料运费800元和运费的增值税税额88元，则A材料的采购成本为（　　　）元。

A.20 000　　　　　B.23 400　　　　　C.24 200　　　　　D.20 800

3.企业购进材料时支付的增值税进项税额，应通过（　　　）账户进行核算。

A."税金及附加"与"银行存款"　　　　　B."税金及附加"与"应交税费"

C."原材料"与"应交税费"　　　　　　　D."应交税费"与"银行存款"

4.为了反映企业与供货单位的货款结算情况，需要设置和运用（　　　）账户。

A."应付账款"　　　B."银行存款"　　　C."原材料"　　　　D."应收账款"

5.下列不能计入产品成本的是（　　）。

A.原材料　　　　　B.职工薪酬　　　　　C.管理费用　　　　　D.制造费用

6.制造费用的分配结果应体现一定的分配原则，即（　　）。

A.平均负担　　　　　　　　　　B.受益大的产品多负担

C.受益小的产品多负担　　　　　D.由主要产品负担

7.应由本期负担，但尚未支付的银行借款利息，应记入（　　）账户的借方。

A."财务费用"　　B."管理费用"　　C."制造费用"　　D."应付利息"

8.为了专门核算固定资产因损耗而减少的价值，应设置（　　）账户。

A."固定资产"　　B."累计折旧"　　C."生产成本"　　D."制造费用"

9.企业以现金发放职工工资，应记入（　　）账户的借方。

A."库存现金"　　B."银行存款"　　C."应付职工薪酬"　D."管理费用"

10."固定资产"账户反映固定资产的（　　）。

A.原始价值　　　　B.净值　　　　　C.累计折旧　　　　D.重置成本

11.结转完工产品的成本时，应借记（　　）账户。

A."生产成本"　　B."库存商品"　　C."制造费用"　　D."主营业务成本"

12.产品销售之后，应将其成本结转到（　　）账户的借方。

A."库存商品"　　B."生产成本"　　C."主营业务成本"　D."主营业务收入"

13.下列经济业务中，不会导致所有者权益发生变动的是（　　）。

A.向投资人分配利润　　　　　　B.提取盈余公积

C.接受捐赠　　　　　　　　　　D.吸收投资

14.10月31日，"本年利润"账户有贷方余额150 000元，其含义是（　　）。

A.10月份实现的利润

B.10月31日实现的利润

C.1月1日至10月31日累计实现的利润

D.结转利润分配后的剩余数额

15."应收账款"账户应按（　　）开设明细分类账。

A.供货单位名称　　　　　　　　B.购货单位名称

C.商品种类　　　　　　　　　　D.付款方式

16.某企业月初在产品生产成本为2 000元，本月生产产品耗用材料40 000元，生产工人职工薪酬8 000元，车间管理人员职工薪酬4 000元，车间水电等费用4 000元，月末在产品生产成本4 400元，行政管理部门支付半年报刊费2 400元。则本月完工产品生产成本总额为（　　）元。

A.56 200　　　　　B.58 200　　　　　C.53 600　　　　　D.53 800

17.所得税费用期末应转入（　　）账户的借方。

A."主营业务收入"　　　　　　　B."本年利润"

C."利润分配"　　　　　　　　　D."营业外收入"

18.下列各项中，属于营业外收入的是（　　）。

A.销售产品的收入　　　　　　　B.销售材料的收入

C.收取的罚款收入　　　　　　　D.出租固定资产的收入

19.企业积累的亏损表示（　　）。

A.所有者权益的减少　　　　　　　　B.成本的减少

C.负债的减少　　　　　　　　　　　D.费用的减少

三、多项选择题

1."短期借款"账户核算的要点是（　　）。

A.贷方反映借入的短期借款本金　　　B.借方反映偿还的短期借款本金

C.贷方反映借入的短期借款本息　　　D.借方反映偿还的短期借款本息

E.期末余额在贷方

2.下列各项应该计入材料采购成本的是（　　）。

A.购买价格　　　　　B.运输途中的所有损耗　　　C.运杂费

D.采购人员的差旅费　　　E.支付的增值税

3."生产成本"账户的借方登记（　　）。

A.生产产品消耗的直接材料　　　　　B.生产工人的职工薪酬

C.固定资产的折旧费　　　　　　　　D.期末分配转入的制造费用

E.厂部管理人员的职工薪酬

4.关于"制造费用"账户，正确的结构是（　　）。

A.借方登记实际发生的各项制造费用

B.贷方登记分配计入产品成本的制造费用

C.期末余额可能在借方，表示在产品的成本

D.期末余额可能在贷方

E.期末结转后无余额

5.下列能与"制造费用"账户发生对应关系的账户是（　　）。

A.库存现金　　　　　B.原材料　　　　　　C.应付职工薪酬

D.库存商品　　　　　E.生产成本

6.下列应当计入当期损益的是（　　）。

A.制造费用　　　　　B.管理费用　　　　　C.销售费用

D.财务费用　　　　　E.所得税费用

7.下列账户期末结转后无余额的是（　　）。

A.库存商品　　　　　B.生产成本　　　　　C.管理费用

D.税金及附加　　　　E.销售费用

8.企业在取得收入时可能会影响到的会计要素是（　　）。

A.资产　　　　　　　B.负债　　　　　　　C.所有者权益

D.费用　　　　　　　E.利润

9.下列属于销售费用的是（　　）。

A.广告费　　　　　　B.销售产品运杂费　　　C.购买材料运杂费

D.产品包装费　　　　E.产品展览费

10.可通过"税金及附加"账户核算的税费有（　　）。

A.增值税　　　　　　B.消费税　　　　　　C.城建税

D. 教育费附加　　　　　　　E. 所得税

11. 下列属于营业利润构成内容的是（　　　）。

A. 营业收入　　　　　　　B. 营业外收入　　　　　　C. 营业外支出

D. 营业成本　　　　　　　E. 所得税费用

12. 下列项目中，属于利润分配形式的是（　　　）。

A. 缴纳所得税　　　　　　B. 结转本年利润　　　　　　C. 提取盈余公积

D. 向投资人分配利润　　　E. 支付借款利息

13. 年终结转后，"利润分配"账户的余额表示（　　　）。

A. 未分配的利润额　　　　B. 未弥补的亏损额　　　　　C. 已分配的利润额

D. 当年实现的利润额　　　E. 当年发生的亏损额

14. 制造企业的主要经济业务包括（　　　）。

A. 筹集资金业务　　　　　B. 供应过程业务　　　　　　C. 生产过程业务

D. 销售过程业务　　　　　E. 财务成果业务

四、判断题

1. "应付账款"账户只用于核算企业因购买材料、物资和接受劳务供应等应付给供应单位的款项，而不包括企业应付、暂收其他单位或个人的款项。　　　　（　　）

2. "生产成本"账户属于成本费用类，故期末结转完工入库产品的生产成本以后，期末必定没有余额。　　　　　　　　　　　　　　　　　　　　　　　　（　　）

3. 管理费用应采用一定的分配方法计入各产品成本中。　　　　　　　　（　　）

4. "制造费用"和"管理费用"账户期末均无余额，因此，制造费用和管理费用都属于期间费用。　　　　　　　　　　　　　　　　　　　　　　　　　　（　　）

5. "应交税费"账户的余额必定在贷方，表示应交未交的税费。　　　　（　　）

6. 企业的收入和费用发生时，为简化核算可直接计入所有者权益。　　（　　）

7. 成本是为生产一定种类和数量的产品发生的耗费，费用是企业一定时期生产经营所发生的耗费，二者都是耗费，所以是同一个的概念。　　　　　　　　　　　（　　）

8. 基本生产车间管理人员的工资及福利费不属于直接人工费用。　　　（　　）

9. 制造企业的产品销售成本是企业已销产品的实际生产成本。　　　　（　　）

10. "本年利润"账户属于损益类账户。　　　　　　　　　　　　　　（　　）

11. "生产成本"账户可以反映企业生产经营过程中各个阶段发生的成本费用。

（　　）

12. 生产车间计提折旧时，应借记"生产成本"账户，贷记"固定资产"账户。

（　　）

13. 营业外收入是指与企业生产经营无直接关系的各项收入，如罚款收入、投资收益等。　　　　　　　　　　　　　　　　　　　　　　　　　　　　　　　（　　）

14. 企业对实现的利润进行分配时，可以直接在"本年利润"账户的借方反映利润分配的实际数额，也可以单独设置"利润分配"账户反映利润分配的数额。　　（　　）

15. "累计折旧"账户的贷方登记的是提取的折旧额，表示折旧额的增加，所以是负债类账户。　　　　　　　　　　　　　　　　　　　　　　　　　　　　　（　　）

五、技能题

【资料】吉瑞公司 2017 年 12 月份发生下列经济业务：

1. 接受外单位投资 140 000 元，存入银行。

2. 收到某个人投入设备一台，价值 75 000 元，投资合同约定按 80 000 元入账。

3. 从银行借入款项 250 000 元，期限 8 个月，年利率为 5%，利息按季结算。

4. 以银行存款 30 000 元偿还已到期的银行短期借款本金。

5. 从森达工厂购入甲、乙、丙三种材料，甲材料 1 750 千克，每千克 40 元；乙材料 1 050 千克，每千克 32 元；丙材料 700 千克，每千克 16 元。增值税税率 17%，材料已验收入库，货款未付。

6. 以银行存款支付上述材料运费 1 000 元，增值税 110 元，以现金 300 元支付装卸费，运费和装卸费按三种材料重量比例分配。

7. 按合同规定，向森达工厂预付购料款 90 000 元，用银行存款支付。

8. 向森达工厂采购的甲材料已验收入库，价款 70 000 元，增值税 11 900 元，收回多付的款项。

9. 采购员赵进出差归来，报销差旅费 3 000 元，原借款 3 300 元，余款收回。

10. 本月仓库发出材料及用途见表 5-1。

表 5-1　　　　　　　　材料发出表

项　　目	甲材料		乙材料		丙材料		合　计	
	数量 （千克）	金额 （元）	数量 （千克）	金额 （元）	数量 （千克）	金额 （元）	数量 （千克）	金额 （元）
A 产品	1 750	70 000	750	24 000	500	8 000	3 000	102 000
B 产品	750	30 000	1 600	51 200	750	12 000	3 100	93 200
车间一般耗用	35	1 400	110	3 520	20	320	165	5 240
管理部门耗用	15	600	40	1 280	5	80	60	1 960
合　计	2 550	102 000	2 500	80 000	1 275	20 400	6 325	202 400

11. 以现金 1 500 元支付车间办公费。

12. 从银行提取现金 128 000 元，并发放工资。

13. 用银行存款支付本月车间水电费 2 600 元，行政管理部门水电费 800 元，增值税进项税额 374 元。

14. 向华雄工厂销售 A 产品 3 200 件，每件售价 50 元，增值税税率 17%，款项尚未收到。

15. 向英杰公司销售 B 产品 1 600 件，每件售价 45 元，增值税税率 17%，款项已收存入银行。

16. 以现金支付包装费、装卸费等销售费用 1 100 元。

17. 月初，以银行存款购入乙公司股票 100 万股，每股价格 5.2 元，另支付手续费 5 万元；月末，以 580 万元出售该股票。

18. 出售一座建筑物，原价 400 万元，已计提折旧 60 万元，以银行存款支付清理费用 2 万元，出售的价格为 370 万元，通过银行收回。

19. 出售甲材料一批，售价 5 000 元，增值税税率 17%，款项收到存入银行；该批材料的实际成本为 3 500 元。

20. 按照购货合同约定，以转账支票预付星星公司购甲材料款 80 000 元。

21. 月末，分配本月工资费用 128 000 元，其中，A 产品生产工人工资 48 600 元；B 产品生产工人工资 32 400 元；车间管理人员工资 15 000 元；行政管理部门人员工资 32 000。

22. 月末，计提本月车间用固定资产折旧 4 000 元，行政管理部门用固定资产折旧 2 000 元。

23. 月末，汇总当月制造费用，按 A、B 两种产品生产工人的工资为标准进行分配。

24. 本月生产的 A 产品全部完工，并验收入库，假设月初 A 产品无在产品；B 产品全部未完工。结转完工产品成本。

25. 结转当月已销产品的销售成本，A 产品单位成本 30 元，B 产品单位成本 25 元。

26. 月末计算出本月应交城建税 587.3 元和教育费附加 251.7 元。

27. 计提本月银行短期借款利息 1 500 元，计提长期借款利息 48 000 元。

28. 本公司 2017 年起采用账龄分析法计提坏账准备，2017 年年末应收账款余额 250 万元，其中未到期应收账款 130 万元，计提坏账准备比例为 1%，逾期应收账款 120 万元，计提坏账准备比例为 5%。

29. 以现金取得对职工个人的罚款收入 600 元。

30. 将 12 月份各损益类账户余额结转至本年利润账户。

31. 计算并结转本年应交的所得税 155 500 元。

32. 结转全年实现的净利润 466 500 元。

33. 本年从净利润中提取盈余公积 46 650 元；向投资者分配利润 93 300 元。

【要求】根据以上经济业务编制会计分录。

第6章

会计凭证

【重点与难点】

一、重点

1. 会计凭证的种类

会计凭证是记录经济业务、明确经济责任的书面证明，是登记账簿的依据。会计处理任何经济业务都必须有凭有据，这是会计核算的一条基本原则。会计凭证按其填制程序和用途的不同分为原始凭证和记账凭证。原始凭证是在经济业务发生或完成时取得或填制的，证明经济业务的发生或完成情况，具有法律效力，是登账的原始依据。原始凭证按其取得来源不同，可分为外来原始凭证和自制原始凭证；按其填制方法不同，可分为一次凭证、累计凭证和汇总凭证。记账凭证是会计人员根据审核无误的原始凭证填制的，用来确定会计分录的会计凭证，是登记账簿的直接依据。记账凭证通常分为收款凭证、付款凭证和转账凭证三种。原始凭证与记账凭证之间存在密切联系：原始凭证是记账凭证填制的基础，是记账凭证的附件；记账凭证是对原始凭证内容的概括和说明。

2. 原始凭证的填制和审核

原始凭证是由业务经办人员根据经济业务的实际完成情况填制的。原始凭证的质量直接关系到会计核算工作的质量。原始凭证的填制首先必须符合一些基本要求，包括记录要真实、内容要完整、手续要完备、书写要清楚规范、编号要连续、填制要及时、改错要规范（不得涂改、刮擦、挖补）。除此之外，还要遵守一些技术要求以及针对具体业务的具体要求。原始凭证取得或填制完成以后，经办业务的部门及其他相关部门和人员要对其进行审核，会计人员也要对其进行严格的审核。审核原始凭证的真实性、合法性、合理性、完整性、正确性和及时性。审核后的原始凭证，针对不同情况有不同的处理办法。只有审核无误的原始凭证，才能作为编制记账凭证和登记账簿的依据。

3. 记账凭证的编制和审核

记账凭证可以根据一张单独的原始凭证，也可以根据汇总原始凭证，还可以根据有关的账簿记录进行编制。编制时除了要符合原始凭证填制的基本要求，还必须同时符合以下要求：摘要填写简明扼要，日期填写正确（收、付款凭证应按收、付款业务发生的日期填写），会计分录编写正确，注销多余行次，按一类编号法或三类编号法等连续、规范编号，附件数量完整，注明过账标记，明确经济责任等。填制收款凭证时，左上角的"借方科目"填写"库存现金"或"银行存款"；填制付款凭证时，左上角的"贷方科目"填写"库存现金"或"银行存款"；填制转账凭证时，借贷方科目全部填列在凭证内的会计科目栏。对于库存现金与银行存款之间的收付业务，只编制一张付款凭证，而不编制收款凭证。记账凭证编制后，必须由专门的稽核人员进行审核。除了复核所附的原始凭证，还应重点审核：内容是否真实，科目、金额是否正确，项目是否齐全。

4. 会计凭证的保管

会计凭证的保管是指会计凭证登账后的整理、装订和归档存查。首先，原始凭证按一定方法整理后粘贴在据以编制的记账凭证后面，面积大于记账凭证的原始凭证，应按正确的方法折叠；面积过小的原始凭证，可先按一定次序和类别排列，再粘在一张同记账凭证大小相同的白纸上。如果某些记账凭证所附原始凭证数量过多，可以单独装订保管，一些重要的文件以及各种需要随时查阅的原始凭证也可单独登记保管。其次，记账凭证应定期进行分类整理，并按照编号顺序排列，加具封面、封底装订成册，之后应指定专人负责，统一保管。最后，会计凭证保管期满，严格按照会计制度规定销毁。

二、难点

1. 原始凭证的填制和审核

2. 记账凭证的填制

【练习题】

一、名词解释

1. 会计凭证　2. 原始凭证　3. 记账凭证　4. 通用记账凭证　5. 专用记账凭证　6. 收款凭证　7. 付款凭证　8. 转账凭证　9. 会计凭证传递

二、单项选择题

1. 会计凭证不是（　　　）。

A. 记账查账的重要依据，经济业务完成情况的书面证明

B. 编制会计报表的重要依据

C. 记录经济业务的书面证明

D. 明确经济责任的书面证明

2. 会计凭证按其（　　　）不同，可以分为原始凭证和记账凭证。

A. 编制的方式　　　　　　　　　　　　B. 取得的来源

C. 编制的程序和用途　　　　　　　　　D. 反映经济业务的次数

3. 下列原始凭证中属于企业自制原始凭证的是（　　　）。

A. 购货取得的增值税发票　　　　　　　B. 出差取得的火车票

C. 工资结算单　　　　　　　　　　　　D. 住宿费发票

4. "制造费用分配表"属于（　　　）。

A.一次凭证　　　　　B.累计凭证　　　　　C.汇总凭证　　　　　D.外来凭证

5."发出材料汇总表"是一种（　　　）。

A.记账凭证　　　　　B.汇总凭证　　　　　C.明细账　　　　　D.累计凭证

6.自制原始凭证与外来原始凭证相比，（　　　）。

A.二者具有同等效力　　　　　　　　B.自制原始凭证有更大的效力

C.二者不具有同等效力　　　　　　　D.外来原始凭证有更大的效力

7.企业收到外单位或个人交来的现金时应填制的原始凭证是（　　　）。

A.发货票　　　　　B.收款收据　　　　　C.交费单　　　　　D.入库单

8.销售一批产品，货款金额为"人民币陆万壹仟零肆拾元伍角整"，在填写发货票小写金额时，应书写为（　　　）。

A.￥61 040.50 元　　B.￥61 040.50　　C.￥61 040.5　　D.61 040.50元

9.下列人员中应对原始凭证进行审核的是（　　　）。

A.总经理　　　　　B.经办人员　　　　　C.会计人员　　　　　D.董事长

10.下列各项，不属于原始凭证审核内容的是（　　　）。

A.凭证反映的内容是否真实

B.凭证各项基本要素是否齐全

C.会计科目的使用是否正确

D.凭证是否有填列单位的公章和填制人员的签章

11.原始凭证不得涂改、刮擦、挖补，对于金额有错误的原始凭证，正确的处理方法是（　　　）。

A.由出具单位重开

B.由出具单位在凭证上更正并由经办人员签名

C.由出具单位在凭证上更正并由出具单位负责人签名

D.由出具单位在凭证上更正并加盖出具单位印章

12.对于不真实、不合法的原始凭证，会计人员的正确处理是（　　　）。

A.不受理并向有关负责人报告

B.退回补办手续后再按规定的会计手续办理

C.不受理并退回原始凭证

D.根据该原始凭证编制记账凭证

13.在会计实务中，记账凭证按其所反映的经济内容不同，可以分为（　　　）。

A.单式凭证和复式凭证

B.通用凭证和专用凭证

C.收款凭证、付款凭证和转账凭证

D.一次凭证、累计凭证和汇总凭证

14.企业支付水电费，应填制的记账凭证是（　　　）。

A.收款凭证　　　　　B.付款凭证　　　　　C.转账凭证　　　　　D.原始凭证

15.下列经济业务中，应填制转账凭证的是（　　　）。

A.用银行存款偿还应付账款　　　　　B.收回应收账款

C.用现金支付工资　　　　　　　　　D.企业管理部门领用原材料

16.下列各项中，作为出纳人员付出货币资金依据的是（　　）。

A.收款凭证　　　　　B.付款凭证　　　　　C.转账凭证　　　　　D.原始凭证

17.会计凭证的传递，是指（　　），在单位内部各有关部门及人员之间的传递程序和传递时间。

A.会计凭证从取得到编制成记账凭证时止

B.从取得原始凭证到登记账簿时止

C.从填制记账凭证到编制会计报表时止

D.会计凭证从取得或填制时起到归档时止

三、多项选择题

1.原始凭证按其取得的来源不同，可分为（　　）。

A.一次凭证　　　　　B.累计凭证　　　　　C.外来原始凭证

D.自制原始凭证　　　E.汇总凭证

2.下列原始凭证属于一次原始凭证的有（　　）。

A.发货票　　　　　　B.提货单　　　　　　C.收据

D.限额领料单　　　　E.付款凭证

3.（　　）属于企业销售产品时填制的原始凭证。

A.领料单　　　　　　B.销货发票　　　　　C.产品出库单

D.销货合同　　　　　E.提货单

4.原始凭证的基本内容包括（　　）。

A.原始凭证的名称、编号和填制日期

B.接受凭证的单位名称

C.经济业务的内容摘要、实物数量和金额

D.填制凭证单位的名称

E.填制人员、经办人员的签章

5.原始凭证的填制要求包括（　　）。

A.记录真实　　　　　B.内容完整　　　　　C.填制及时

D.书写清楚　　　　　E.明确经济责任

6.以下各项中，属于原始凭证的有（　　）。

A.销货发票　　　　　B.购销合同　　　　　C.工资结算单

D.差旅费报销单　　　E.汇款单

7.记账凭证是（　　）。

A.由经办人填制　　　　　　　　　B.由会计人员填制

C.经济业务发生时填制　　　　　　D.根据审核无误的原始凭证填制

E.根据自制的原始凭证填制

8.应在收、付款记账凭证上签字的有（　　）等。

A.制证人员　　　　　B.登账人员　　　　　C.审核人员

D.会计主管　　　　　E.出纳人员

9.各种记账凭证应具备的基本内容包括（　　）。

A.会计科目的名称和金额　　　　　　　B.记账凭证的名称

C.接受单位的名称　　　　　　　　　　D.记账凭证编号

E.附单据张数

10.一张记账凭证的编制依据可以是（　　　　）。

A.一张原始凭证

B.汇总原始凭证

C.有关账簿记录

D.反映同类经济业务的若干张原始凭证

E.不同内容和类别的经济业务

11.下列各科目中，能编制付款凭证的会计科目有（　　　　）。

A.银行存款　　　　　　　B.库存现金　　　　　　　C.应付账款

D.本年利润　　　　　　　E.应收账款

12.涉及库存现金和银行存款之间划转的业务，可以编制的记账凭证有（　　　　）。

A.现金收款凭证　　　　B.现金付款凭证　　　　　　C.银行存款收款凭证

D.银行存款付款凭证　　E.转账凭证

13.对记账凭证进行审核的主要内容有（　　　　）。

A.填制依据是否真实　　　　　　　　　B.使用会计科目是否正确

C.记账方向是否正确　　　　　　　　　D.记账金额是否正确

E.是否具备有关人员的签章

14.会计凭证的传递要做到（　　　　）。

A.程序合理　　　　　　　B.时间节约　　　　　　　C.手续严密

D.责任明确　　　　　　　E.不考虑单位的经济业务特点

15.会计凭证的保管应做到（　　　　）。

A.定期归档、装订，以便查阅

B.查阅会计凭证要有手续

C.装订成册的会计凭证应集中由专人负责保管

D.会计凭证由企业自行到期销毁

E.所有会计凭证都需永久保存

四、判断题

1.所有会计凭证都要由会计部门审核无误后才能作为经济业务的证明和登记账簿的依据。　　　　　　　　　　　　　　　　　　　　　　　　　　　　　（　　　）

2.原始凭证上面可以不需写明填制日期和接受凭证的单位名称。　　　　（　　　）

3.原始凭证必须按规定的格式和内容逐项填写齐全，同时必须由经办业务的部门和人员签字盖章。　　　　　　　　　　　　　　　　　　　　　　　　　　　（　　　）

4.原始凭证可以由非财会部门和人员填制，但记账凭证只能由财会部门和人员填制。

（　　　）

5.付款凭证左上角"借方科目"处，应填写"库存现金"或"银行存款"科目。

（　　　）

6. 企业将现金存入银行或从银行提取现金，为避免重复，一般只编制收款凭证，不编制付款凭证。　　　　　　　　　　　　　　　　　　　　　　　　　　　　　　（　　）

7. 所有的记账凭证都应附有原始凭证。　　　　　　　　　　　　　　　　　（　　）

8. 收款凭证、付款凭证是出纳人员收款、付款的依据。　　　　　　　　　（　　）

9. 收、付款记账凭证是由出纳人员根据有关的原始凭证审核后编制的。　（　　）

10. 记账凭证的填制日期与原始凭证的填制日期应当相同。　　　　　　　（　　）

11. 记账凭证既是记录经济业务发生和完成情况的书面说明，也是登记账簿的依据。　　　　　　　　　　　　　　　　　　　　　　　　　　　　　　　　　　（　　）

12. 各种凭证若填写错误，不得随意涂改、刮擦、挖补。　　　　　　　　（　　）

13. 对于真实、合理、合法但内容不够完整、计算有错误的原始凭证，应退回给有关经办人员，由其负责更正或重开。　　　　　　　　　　　　　　　　　　（　　）

14. 会计部门应于记账之后，定期对各种会计凭证进行分类整理，并将各种记账凭证按编号顺序排列，连同所附的原始凭证一起加具封面，装订成册。　　　　　　（　　）

15. 企业提交银行的各种结算凭证填错了金额，应采用划线更正法予以纠正，不得随意涂改、刮擦或挖补。　　　　　　　　　　　　　　　　　　　　　　　（　　）

16. 原始凭证不得外借，其他单位如因特殊原因需要使用本单位的原始凭证时，经本单位领导批准后，方可外借。

　　　　　　　　　　　　　　　　　　　　　　　　　　　　　　　　　　（　　）

【实务训练一　原始凭证的填制】

一、实训目的

通过实务训练使学生熟练掌握原始凭证的基本内容、填制要求和方法，了解各种原始凭证的联数设计及一般传递程序。

二、实训资料

（一）格力实业有限公司 2017 年 5 月 20 日从渤海物资供应公司购进甲、乙两种材料，其中，甲材料：规格型号为#3104、数量 1 000 千克、单价 500 元、增值税税率 17%；乙材料：规格型号为#5108、数量 2 000 千克、单价 800 元、增值税税率 17%。款项通过转账支票支付，材料同时验收入库。

格力实业有限公司：增值税一般纳税人，纳税人登记号为 91120103573420322M，地址为烟台市海滨路 912 号，开户银行及账号为中国工商银行海滨支行 15010348。会计：张明智；财会主管：高建；出纳：马芸；预留印鉴为格力实业有限公司财务专用章和法人代表李丽华的名章。采购员：吴敏慎；材料验收人员：王忠；仓库制单人员：刘叔权。

渤海物资供应公司：增值税一般纳税人，纳税人登记号为 91224531897600532M，地址为烟台市前进路 18 号，开户银行及账号为中国工商银行广场支行 100320512—28。开票人为销售科业务员张志，收款人为王梅。

开具的增值税专用发票、转账支票及收料单见表 6-1 至表 6-4。

表6-1　　　　　　　山东增值税专用发票　　　　No.00217453

1406784424

发　票　联

开票日期：　年　月　日

购买方	名　　　　称：								
	纳税人识别号：								
	地址、电话：						密码区		（略）
	开户行及账号：								

货物或应税劳务、服务名称	规格型号	单位	数　量	单　价	金　额	税率	税额
合　计							

价税合计（大写）	（小写）¥

销售方	名　　　　称：		
	纳税人识别号：		
	地址、电话：		备注
	开户行及账号：		

收款人：　　　　　复核：　　　　　开票人：　　　　　销售方（章）

第三联　发票联　购买方记账凭证

注：增值税专用发票一式三联，第一联记账联，第二联抵扣联，第三联发票联。增值税专用发票是由销售方开具的。本业务主体是购买方，增值税专用发票是外来凭证，目的是让学生练习发票的填制。

表6-2

中国工商银行
转账支票存根
10201430
00715660
附加信息＿＿＿＿＿＿＿

出票日期　年　月　日

收款人：	
金　额：	
用　途：	

单位主管　　会计

中国工商银行 **转账支票**

10201430
00715660

出票日期（大写）　年　月　日　　　付款行名称：
收款人：　　　　　　　　　　　　　出票人账号：

付款期限自出票之日起十天

人民币（大写）	亿	千	百	十	万	千	百	十	元	角	分

用途：＿＿＿＿＿　　　　密码
　　　　　　　　　　　　行号　102161000357

以上款项请从
我账户内支付
出票人盖章　　　　　　　复核　记账

表6-3　　　　　　　　　　**转账支票的背面**

附加信息：	被背书人	被背书人
	背书人签章 年　月　日	背书人签章 年　月　日

（贴粘单处）

根据《中华人民共和国票据法》等法律法规的规定,签发空头支票由中国人民银行处以票面金额5%但不低于1 000元的罚款。

表6-4　　　　　　　　　**格力实业有限公司收料单**　　　　编号：

类别：　　　　　　　　　　　　　年　月　日　　　　　　　金额单位：元

材料编号	名称	规格及型号	计量单位	数量		实际成本				
				应收	实收	买价		运杂费	其他	合计
						单价	金额			

供应单位		单据号码	
备注			

第三联　财务记账

主管：　　　　　验收：　　　　　采购：　　　　　制单：

（二）2017年5月15日，格力实业有限公司销售给光华贸易公司A商品300件，单价1 500元，收到转账支票一张，商品已发出。

光华贸易公司：增值税一般纳税人，纳税人登记号为71140203578432193M，地址为烟台市解放路56号，开户银行及账号为中国工商银行二分行342198067。

格力实业有限公司：仓库保管为赵守明，经手人为罗宇。

增值税专用发票、商品出库单、银行进账单见表6-5至表6-7。

表6-5　　　　　　　　　**山东增值税专用发票**　　　　No.00328367

1409856654　　　此联不作报销、扣税凭证使用　　开票日期：　年　月　日

购买方	名　　称： 纳税人识别号： 地址、电话： 开户行及账号：				密码区	（略）		
货物或应税劳务、服务名称	规格型号	单位	数量	单价	金额	税率	税额	
合　计								
价税合计（大写）				（小写）¥				
销售方	名　　称： 纳税人识别号： 地址、电话： 开户行及账号：				备注			

第一联　记账联　销售方记账凭证

收款人：　　　　　复核：　　　　　开票人：　　　　　销售方（章）

表6-6

商品出库单

领用单位：　　　　　　　　　　年 月 日　　　　　　　　　　编号：

产品名称	规格型号	计量单位	出库数量	备注

主管：　　　　　　审核：　　　　　　保管：　　　　　　经手人：

注：假定A商品单位成本为每件1 000元。

表6-7　中国工商银行**进账单**（回单）　1

年 月 日　　　　　　　　　第　号

收款人	全　称		付款人	全　称		此联是开户银行交给收款人的收账通知
	账　号			账　号		
	开户银行			开户银行		

人民币（大写）	亿	千	百	十	万	千	百	十	元	角	分

票据种类		票据张数		开户银行签章
票据号码				
复核　　　　记账				

注：进账单第二联为收款人开户银行的贷方凭证；第三联为收款人开户银行交回收款人的收账通知。

（三）格力实业有限公司2017年5月29日开出金额为250 000元的现金支票，从银行提取现金备发工资。现金支票见表6-8、表6-9。

表6-8

中国工商银行	中国工商银行**现金支票**	10201410 02366789
转账支票存根 10201410 02366789 附加信息＿＿＿＿＿ 出票日期 年 月 日	付款期限自出票之日起十天	

现金支票 部分：

出票日期（大写）　年 月 日　　付款行名称：

收款人：　　　　　　　　　　出票人账号：

人民币（大写）	亿	千	百	十	万	千	百	十	元	角	分

用途：＿＿＿＿＿　　　　　密码

以上款项请从
我账户内支付

出票人盖章　　　　　　　　复核　　记账

存根左下部分：

收款人：	
金　额：	
用　途：	

单位主管　　会计

表6-9　　　　　　　　　**现金支票的背面**

附加信息	收款人签章　　　　　年 月 日	（贴粘单处）	根据《中华人民共和国票据法》等法律法规的规定,签发空头支票由中国人民银行处以票面金额5%但不低于1 000元的罚款。
	身份证件名称　　　发证机关		
	号码		

（四）2017年5月15日，格力实业有限公司采购员吴敏慎因出差向单位借款1 500元，已经有关领导（略）批准，出纳马芸以现金支付。借款单见表6-10。

表6-10　　　　　　　　　**借款单**

借款日期：　年 月 日　　　　　第　号

单位或部门		部门领导批示		借款事由		第一联 存根
申请借款金额	金额(大写)		￥			
批准金额	金额(大写)		￥			
领导批示		财务主管		借款人		

注：第二联为借款人回执；第三联为财务记账。

（五）格力实业有限公司采购员吴敏慎2017年5月28日报销当月去天津购买材料的差旅费，其具体情况及本公司的有关规定如下：

1. 车费：5月16日，烟台至天津硬卧193元，5月22日天津至烟台硬卧190元；
2. 住宿费：600元（5天，每天120元）；
3. 途中补助：100元（2天，每天50元）；
4. 住勤补助：250元（5天，每天50元）；
5. 列车餐费补助：25元/次；
6. 吴敏慎原借款1 500元，余款以现金退回。

差旅费报销单、内部结算收据、非经营性资金往来统一收据见表6-11至表6-13。

表6-11

差旅费报销单

部门：　　　　　　　　　　　　　　年　月　日

出差人姓名				共　人		事由					

起止日期	起讫地点	车船费	途中补助			起止日期	工作地点	住宿费	住勤补助			其他费用	结算情况	
			天数	标准	金额				天数	标准	金额		项目	金额
													预借款	
													报销	
													退款	
													支现	
													附单据　张	
合计（大写）											￥			

单位领导：　　　　财会主管：　　　　审核人：　　　　报领人：

表6-12

格力实业有限公司单位内部结算收据

年　月　日　　　　　　00000551

原借款人（报销人）：＿＿＿＿＿＿＿＿　报销事由：＿＿＿＿＿＿＿

报销冲借款金额（大写）：＿＿＿＿＿＿＿￥＿＿＿＿＿

财务专用章　　　　　财务人员：

第一联　存根

本收据为报销冲抵借款专用，证明借款人报销还款金额，不得用于收取货币资金。

注：第二联为报销人留存；第三联为财务记账。

表6-13

非经营性资金往来统一收据

付款方：　　　　　　年　月　日　　　　发票代码：
发票号码：

项　目	金　额
合计人民币（大写）	￥
备注：未经收款单位盖章及收款人盖章无效	

第一联　存根

款项结算方式：　　　开票：　　　收款：　　　收款单位（盖章）

注：第二联为付款方收据；第三联为记账联。

三、实训要求

（一）根据上述经济业务填制有关原始凭证。

（二）说明各项经济业务原始凭证的传递程序。

【实务训练二 记账凭证的填制】

一、实训目的

通过实务训练，使学生能够根据经济业务内容正确选择专用记账凭证的类型，掌握各种记账凭证的填制方法。

二、实训资料

（一）"实务训练一 原始凭证的填制"中的实训资料。

（二）"第9章 账务处理程序"实务训练一中的实训资料。

三、实训准备

（一）收款凭证2张，付款凭证4张，转账凭证1张。

（二）见第9章。

四、实训要求

根据各项经济业务的原始凭证，分别填制收款凭证、付款凭证和转账凭证。

【实务训练提示】

只给出【实务训练一 原始凭证的填制】中"实训资料（五）"的参考答案（见表6-14至表6-16），其他略。

表6-14

差 旅 费 报 销 单

部门：供应科　　　　　2017 年 5 月 28 日

出差人姓名			吴敏镇			共 1 人		事由			购买材料	
起止日期	起讫地点	车船费	途中补助			起止日期	工作地点	住宿费	住勤补助			其他费用	结算情况	
			天数	标准	金额				天数	标准	金额		项目	金额
5.16—5.17	烟台—天津	193	1	50	50	5.17—5.21	天津	600	5	50	250	25	预借款	1 500
5.22—5.22	天津—烟台	190	1	50	50							25	报销	1 383
													退款	117
													支现	
													附单据3张	
合计（大写）		壹仟叁佰捌拾叁元整										￥1 383.00		

单位领导：李丽华　　　财会主管：高建　　　审核人：张明智　　　报领人：吴敏镇

表 6-15　　**格力实业有限公司单位内部结算收据**

2017 年 5 月 28 日　　　　　　　　　　　　00000551

原借款人（报销人）：吴敏谦　　　　报销事由：出差购买材料

报销冲借款金额（大写）：壹仟叁佰捌拾叁元整　　　¥1 383.00

财务专用章　　　　　　　　　财务人员：

第一联　存根

本收据为报销冲抵冲抵借款专用，证明借款人报销还款金额，不得用于收取货币资金。

表 6-16　　**非经营性资金往来统一收据**　　　发票代码：

付款方：吴敏谦　　　　　2017 年 5 月 28 日　　　发票号码：

项　　目	金　额
预借差旅费余额	117.00
合计人民币（大写）壹佰壹拾柒元整	¥117.00
备注：未经收款单位盖章及收款人盖章无效	

款项结算方式：现金　　开票：　　收款：马芸　　收款单位（盖章）

第一联　存根

第7章

会 计 账 簿

【重点与难点】

一、重点

1.账簿的种类和格式

账簿是指由一定格式账页组成的，以会计凭证为依据，记录各项经济业务的簿籍。账簿按其用途分类，可分为序时账簿、分类账簿和备查账簿。序时账簿也称日记账，是按照经济业务发生时间的先后顺序，逐日逐笔顺序登记的账簿。分类账簿是对全部经济业务进行分类登记的账簿，包括总分类账簿和明细分类账簿。备查账簿也称辅助账簿，是对某些在序时账簿和分类账簿中未能反映和记录的事项进行补充登记的账簿，没有固定的格式，企业根据实际需要设置。账簿按外型特征分类，可分为订本账簿、活页账簿和卡片账簿。订本账簿是在启用前将若干账页固定装订成册，并对账页进行连续编号的账簿。库存现金、银行存款日记账必须使用订本账，总分类账簿一般也使用订本账。活页账簿是在启用之前和使用过程中，都不把账页固定地装订成册的账簿。明细分类账一般采用活页账簿。卡片账簿是由印有专门格式、分散的卡片作为账页组成的账簿，它适用于记载内容比较复杂的财产物资明细账。账簿按账页格式分类可分为两栏式账簿、三栏式账簿、数量金额式账簿和多栏式账簿。两栏式账簿是指由只有借方和贷方两个基本金额栏目的账页组成的账簿，主要指普通日记账，在我国实际工作中很少采用。三栏式账簿是指由设置借方、贷方和余额三个金额栏的账页组成的账簿。数量金额式账簿是指由在借方、贷方和余额三大栏内，又分设数量、单价、金额三小栏目的账页组成的账簿。多栏式账簿是指由在借方、贷方两个基本栏次中又分设若干专栏的账页所组成的账簿。

2.账簿的启用和登记规则

账簿是重要的会计档案，为了确保账簿记录的合法、安全、完整，明确记账责任，账簿要由专人负责登记。新成立的单位应依法建账并启用账簿，其他单位在每个会计年度开始时，也要启用新账。启用新账时，记账人员应填写账簿封面、扉页上的"账簿启用和经管人员表"以及各账户的期初余额等内容。登记账簿时应遵循以下规则：必须根据审核无误的会计凭证登记账簿；账簿登记内容准确、完整、及时，并避免重记、漏记；账簿记录要清晰、整洁、耐久，使用蓝黑墨水或者碳素墨水书写，不得使用圆珠笔或铅笔书写，红色墨水只能在特殊情况下使用；书写要规范，文字数字紧靠底线，一般占格距的1/2；账簿登记要连续，不得跳行、隔页，前后页码之间通过"过次页"和"承前页"衔接；账簿记录要定期结算；实行会计电算化的单位，账簿记录要定期打印；使用正确的方法更正账簿错误记录，不得刮擦、挖补、随意涂改等。

3. 账簿的核对

为了保证账簿记录的正确性和真实性，需要对账簿记录进行核对。账簿的核对工作一般在月末、季末、年末于结账之前进行。遇特殊情况，如有关人员调动或发生非常事件，应随时进行对账。账簿的核对包括账证核对、账账核对和账实核对。账证核对是核对账簿记录与原始凭证、记账凭证内容是否相符。账账核对是对各种账簿之间的有关数字进行核对，具体包括：总账之间的核对、总账和所属明细账之间的核对、总账和日记账之间的核对、各种财产物资明细账之间的核对。账实核对是在账账核对的基础上，将各项财产物资的账面余额与实有数额相核对，主要包括：库存现金日记账的账面余额与库存现金实际库存数相核对；银行存款日记账的账面余额与开户银行对账单相核对；存货、固定资产等财产物资明细账的账面结存数与实存数相核对；各种债权、债务明细账的账面余额与有关债权人、债务人的账面记录相核对。

4. 错账更正

通过账簿核对发现错账后，应区分不同的错误，采用适当的方法予以更正。错账按照发生的时间可分为本期差错和前期差错。本期差错是指本期发现同一会计年度所发生的会计差错。前期差错是指由于计算错误、应用会计政策错误、疏忽或曲解事实等对以前年度财务报表造成省略或错报。关于前期差错的更正将在后续课程"财务会计"中详细讲解，本教材仅介绍本期差错的更正方法。本期差错要根据错误的具体情况分别采用划线更正法、红字更正法和补充登记法进行更正。划线更正法适用于记账凭证没有错误，只是在账簿登记中发生笔误的情况。红字更正法和补充登记法则适用于记账凭证和账簿都错误的情况。

二、难点

1. 日记账、总账、明细账的设置和登记

各单位必须设置库存现金、银行存款日记账和总账，根据需要设置明细账。库存现金、银行存款日记账是用来逐日逐笔登记库存现金、银行存款增减变动及结余情况的特种日记账。日记账的外表形式必须采用订本式，账页格式一般采用三栏式。日记账由出纳人员根据审核无误的收、付款凭证逐日逐笔顺序登记。登记日记账时，日期栏登记收、付款凭证的日期；凭证栏登记收、付款凭证的种类和编号；摘要栏简要说明经济业务的内容；对方科目栏登记与库存现金、银行存款相对应的贷方科目或借方科目的名称；收入、支出栏登记实际收、付的金额，每次收付后，随时结出账面余额，或至少在每日终了，计算出本日余额，并将其登记在日记账中，然后与库存现金实有数进行核对，与开户银行定期进行核对。

总账是根据总分类科目开设，用来总括记录全部经济业务的簿籍。在总账中，要按照总分类科目的编码顺序分设账户。总账一般采用订本式，账页格式一般采用三栏式。总账可以由总账会计根据记账凭证逐笔登记，也可以根据经过汇总的记账凭证汇总登记。总账的登记依据和登记方法取决于所采用的账务处理程序，将在第9章详述。

明细账是根据明细分类科目开设的，用来详细记录某一类经济业务的簿籍。明细账一般采用活页式，有的采用卡片式，如固定资产明细账。账页格式主要有三栏式、数量金额式和多栏式。三栏式明细账适用于只需要进行金额核算而不需要进行数量核算的账户，如债权债务结算账户。数量金额式明细账适用于既要进行金额核算，又要进行实物数量核算的各种财产物资账户，如原材料、库存商品账户。多栏式明细账按记录的内容不同，又可分为借方多栏、贷方多栏和借贷方均多栏三种格式，适用于需要了解其构成内容的成本、费用、收入、利润等账户的明细分类核算。明细账由会计人员根据原始凭证、原始凭证汇总表及记账凭证进行登记，既可以逐日逐笔登记，也可以逐日或定期汇总登记。

2.划线更正法、红字更正法、补充登记法

划线更正法适用于结账前发现的、记账凭证正确无误，只是在过账时发生的文字或数字错误。更正时，首先用单红线将账簿中错误的文字或数字划掉，然后在上方用蓝字写上正确的。

红字更正法适用于两种情况：一是记账凭证中使用的会计科目错误，并已按错误凭证登记入账所造成的错账；二是记账凭证中使用的会计科目正确，只是金额多记了，并已登记入账，造成账簿记录金额多记的错账。第一种情况的更正需要四步完成，填制红字记账凭证，并用红字登记入账，以冲销错误记录，再用蓝字填制正确凭证，并用蓝字登记入账。第二种情况的更正需要两步完成，根据多记金额填制一张红字记账凭证，并用红字登记入账，冲销多记金额。

补充登记法适用于记账凭证中使用的会计科目正确，只是金额少记了，并已登记入账，造成账簿记录金额少记的错账。更正时，按少记的金额填制一张蓝字记账凭证，并用蓝字登记入账，补记少记金额。

【练习题】

一、名词解释

1.账簿 2.序时账簿 3.分类账簿 4.备查账簿 5.总分类账簿 6.明细分类账簿 7.平行登记 8.对账 9.结账

二、单项选择题

1.登记账簿的依据是（　　）。

A.经济业务　　　　　　　　　B.审核无误的会计凭证

C.经济合同　　　　　　　　　D.领导批示

2.从账簿的用途来看，"固定资产卡片"属于（　　）。

A.订本式账簿　　　B.备查账簿　　　C.序时账簿　　　D.分类账簿

3.在我国，库存现金日记账和银行存款日记账要选用（　　）。

A.订本式账簿　　　　　　　　B.活页式账簿

C.卡片式账簿　　　　　　　　　　　　D.自己认为合适的账簿

4.必须逐日逐笔登记的账簿是（　　　　）。

A.明细账　　　　　B.总账　　　　　C.日记账　　　　　D.备查账

5.总账与明细账之间进行平行登记的原因是总账与明细账的（　　　　）。

A.格式相同　　　　　　　　　　　　　B.登记时间相同

C.反映经济业务内容相同　　　　　　　D.提供指标详细程度相同

6."应付账款"总账科目所属明细账的资料如下："应付账款——甲公司"贷方余额50万元；"应付账款——乙公司"贷方余额80万元；"应付账款——丙公司"借方余额30万元。则"应付账款"科目期末余额为（　　　　）万元。

A.50　　　　　　B.80　　　　　　C.130　　　　　　D.100

7."应收账款""应付账款"账户的明细分类核算，其明细账页格式一般是（　　　　）。

A.三栏式　　　　　　　　　　　　　　B.多栏式

C.横线登记式　　　　　　　　　　　　D.数量金额式

8.在登记账簿时，如果经济业务发生日期为2017年9月10日，编制记账凭证日期为9月13日，登记账簿日期为9月14日，则账簿中的"日期"栏登记的时间为（　　　　）。

A.9月10日　　　　　　　　　　　　　B.9月13日

C.9月14日　　　　　　　　　　　　　D.9月13日或9月14日均可

9.在月末结账前发现所填制的记账凭证无误，根据记账凭证登记账簿时，将1 568元误记为1 586元，按照有关规定，更正时应采用的错账更正方法最好是（　　　　）。

A.划线更正法　　　　　　　　　　　　B.红字更正法

C.补充登记法　　　　　　　　　　　　D.平行登记法

10.若记账凭证上的会计科目和应借应贷方向未错，但所记金额大于应记金额，并据以登记入账，对此应采用（　　　　）更正。

A.划线更正法　　　　　　　　　　　　B.红字更正法

C.补充登记法　　　　　　　　　　　　D.编制相反分录冲减

11.在下列有关账项核对中，不属于账账核对的内容是（　　　　）。

A.银行存款日记账余额与银行对账单余额的核对

B.银行存款日记账余额与其总账余额的核对

C.总账账户借方发生额合计与其明细账借方发生额合计的核对

D.总账账户贷方余额合计与其明细账贷方余额合计的核对

12.下列事项中，属于账实核对的是（　　　　）。

A.库存现金日记账与库存现金的核对

B.总分类账与明细分类账的核对

C.原始凭证与记账凭证的核对

D.会计报表与会计账簿的核对

13.期末根据账簿记录，计算并记录出各账户的本期发生额和期末余额，在会计上叫（　　　　）。

A.对账　　　　　　　　　　　　　　　B.结账

C.调账　　　　　　　　　　　　　　　D.查账

14.年度终了结账时，有余额的账户，要将其余额结转下年。其结转方法是（　　）。

A.编制记账凭证并据以记账

B.余额直接记入新账余额栏

C.将余额记入本年账户的借方或贷方，使本年账户余额变为零

D.上述 A、B、C 三种方法都可以选用

15.新的会计年度开始，启用新账时，可以继续使用，不必更换新账的有（　　）。

A.总分类账　　　　　　　　　　　　　B.银行存款日记账

C.固定资产卡片　　　　　　　　　　　D.管理费用明细账

16.以下（　　）不符合账簿平时管理的具体要求。

A.各种账簿应分工明确，指定专人管理

B.会计账簿只允许在财务室内随意翻阅查看

C.会计账簿除需要与外单位核对外，一般不能携带外出

D.账簿不能随意交与其他人员管理

三、多项选择题

1.会计账簿对经济业务进行（　　）记录。

A.零散的　　　　　　　　B.分类的　　　　　　　　C.全面的

D.连续的　　　　　　　　E.以上都正确

2.属于分类账的有（　　）。

A.库存现金日记账　　　　B.总账　　　　　　　　　C.原材料明细账

D.租入固定资产登记簿　　E.应收账款明细账

3.订本账一般用于具有统驭性的、比较重要的、只应该或只需要一个人登记的账簿，如（　　）。

A.总账　　　　　　　　　B.库存现金日记账　　　　C.银行存款日记账

D.明细账　　　　　　　　E.受托加工材料登记簿

4.库存现金日记账和银行存款日记账（　　）。

A.一般采用三栏式账页

B.由出纳人员登记

C.根据审核后的收、付款记账凭证登记

D.逐日逐笔序时登记

E.可以定期汇总登记

5.库存现金日记账的登记依据有（　　）。

A.现金收支的原始凭证　　　　　　　B.现金收款凭证

C.现金付款凭证　　　　　　　　　　D.部分银行存款付款凭证

E.部分银行存款收款凭证

6.企业到银行提取现金 1 500 元，此项业务应在（　　）中登记。

A.库存现金日记账　　　　B.银行存款日记账　　　　C.总分类账

D.明细分类账　　　　　　E.备查账

7.采用数量金额式明细账的有（　　）。

A.应付职工薪酬明细账　　　B.原材料明细账　　　　　C.库存商品明细账

D.应付账款明细账　　　　　E.包装物明细账

8.采用多栏式明细账的有（　　　）。

A.生产成本明细账　　　　　B.主营业务收入明细账　　　C.制造费用明细账

D.本年利润明细账　　　　　E.其他应收款明细账

9.总账（　　　）。

A.采用订本式账簿　　　　　　　　　　B.一般为三栏式账页

C.采用逐笔登记方式　　　　　　　　　D.也可采用汇总登记方式

E.登记依据可以是记账凭证，也可以是记账凭证汇总表和汇总记账凭证

10.账簿的登记规则包括（　　　）。

A.以审核无误的会计凭证为依据　　　B.必须逐页、逐行按顺序连续登记

C.必须及时结出余额　　　　　　　　D.正确更正错账

E.一律使用蓝黑墨水或者碳素墨水登账，有些情况下可以采用红色墨水登账

11.对于（　　　）往往要根据原始凭证登记才能全面。

A.原材料明细账　　　　　　B.固定资产明细账　　　　　C.应收账款明细账

D.库存商品明细账　　　　　E.本年利润明细账

12.总分类账户与明细分类账户平行登记的要点包括（　　　）。

A.依据相同　　　　　　　　B.方向相同　　　　　　　　C.期间相同

D.金额相等　　　　　　　　E.人员相同

13.下列各项中，可以用来登记明细分类账的是（　　　）。

A.原始凭证　　　　　　　　B.领导批示　　　　　　　　C.经济合同

D.记账凭证　　　　　　　　E.汇总原始凭证

14.下列账簿记录中，可以使用红色墨水的有（　　　）。

A.结账　　　　　　　　　　B.改错　　　　　　　　　　C.冲账

D.登记期初余额　　　　　　E.填写摘要栏

15.记账时不得隔页、跳行登记，如果发生隔页、跳行时，不得随意涂改，而应采取的处理方法是（　　　）。

A.应将空页、空行用红线对角划掉

B.应将账页撕下并装入档案保存

C.应加盖"作废"字样

D.应按规定由相关人员盖章

E.更换新账页

16.用划线更正法更正错误时（　　　）。

A.应用红笔划线，并将错误数字全部划销

B.应用蓝笔划线，并将错误数字全部划销

C.用蓝笔在错误数字上方写上正确数字

D.用红笔在错误数字上方写上正确数字

E.由更正人员在更正处盖章以示负责

四、判断题

1. 会计账簿与会计凭证提供的会计资料一样，都是分类、序时、全面、连续的。（　　）

2. 备查账簿不是正式账簿，应根据各单位的实际需要确定应设置哪些备查账簿及采取何种形式。（　　）

3. 设置和登记日记账可以提供对经济业务及时、连续和完整的会计记录。（　　）

4. 每日经济业务登记完毕，应结计库存现金日记账的当日余款，并将账面余额同库存现金的实存额进行核对，检查账实是否相符。（　　）

5. "生产成本"账户月末如有余额，表示企业期末有在产品，因而该账户进行明细分类核算时既要提供实物指标又要提供金额指标，所以必须选用数量金额式账页登记。（　　）

6. 明细账一般是逐笔登记，也可以定期汇总登记。（　　）

7. 登记账簿要用蓝黑墨水钢笔或蓝黑圆珠笔书写，不得使用铅笔书写。（　　）

8. 总分类账户和所属明细分类账户进行平行登记时，可以不在同一天登记，但应该在同一会计期间内登记。（　　）

9. 平行登记的结果，使总账和所属明细账之间形成相互核对的数量关系。（　　）

10. 如果账簿记录发生错误，应根据错误的具体情况，采用规定的方法予以更正，不得涂改、挖补、刮擦或用褪色药水更改字迹。（　　）

11. 会计账簿应当按照连续编号的页码顺序登记，会计账簿发生错误或隔页、缺号、跳行的，不得对会计账簿进行更正，只能重新更换会计账簿。（　　）

12. 在会计年度中间变更记账人员，可不办理有关交接手续。（　　）

13. 年结时，应在"本年合计或结转下年"行下划单红线，表示借贷平衡和本年度记账结束，即封账。（　　）

14. 年度结账后，对于发生额很少的总账，不必更换新账。（　　）

【实务训练一　账簿的设置和登记】

见"第 9 章账务处理程序"实务训练一。

【实务训练二　错账更正】

一、实训目的

通过实务训练，使学生能够辨别不同性质的错账，明确区分应采用的错账更正方法，掌握各种错账更正方法的具体操作，培养学生在实际工作中发现错误和纠正错误的能力。

二、实训资料

江阳轮胎厂 2017 年 4 月份部分经济业务的核算发生错误，均于结账前发现。

（一）4 月 5 日，销售产品，其记账凭证及所附原始凭证见表 7-1 至表 7-3；根据上述凭证登记账簿情况见表 7-4 至表 7-6。

表 7-1

收款凭证

借方科目：库存现金　　　　　　　2017 年 4 月 5 日　　　　　　　收字第 2 号

摘　要	贷方总账科目	明细科目	记账符号	金　额									
				千	百	十	万	千	百	十	元	角	分
销售产品	主营业务收入	轮胎					3	8	0	0	0	0	0
	应交税费	应交增值税（销项税额）						6	4	6	0	0	0
合计（人民币大写）肆万肆仟肆佰陆拾元整						¥	4	4	4	6	0	0	0

会计主管：罗杰　　记账：李红　　出纳：孙丽平　　审核：马东　　制单：田甜

附单据2张

表 7-2

山西增值税专用发票　　　No00675367

1406785432　　　　　此联不作报销、扣税凭证使用　　　开票日期：2017 年 4 月 5 日

购买方	名　　称：美都汽车制造厂				密码区	（略）		
	纳税人识别号：91140104863004321M							
	地址、电话：太原市大同路32号　28654125							
	开户行及账号：中国工商银行尖草坪支行 239860003							

货物或应税劳务、服务名称	规格型号	单位	数量	单价	金　额	税率	税额
轮胎		个	100	380	38 000.00	17%	6 460.00
合　计					¥38 000.00		¥6 460.00

价税合计（大写）	⊗肆万肆仟肆佰陆拾元整	（小写）¥44 460.00

销售方	名　　称：江阳轮胎厂		备注	江阳轮胎厂 91140104347652110M 发票专用章
	纳税人识别号：91140104347652110M			
	地址、电话：太原市迎新街79号　36521458			
	开户行及账号：中国工商银行迎新街支行　2469370085			

收款人：卢秀连　　　复核：　　　　　开票人：潘霞　　　销售方（章）

第一联 记账联 销售方记账凭证

表 7-3

中国工商银行进账单（收账通知）3

2017 年 4 月 5 日　　　　　　　第　号

收款人	全　称	江阳轮胎厂	付款人	全　称	美都汽车制造厂
	账　号	2469370085		账　号	239860003
	开户银行	中国工商银行迎新街支行		开户银行	中国工商银行尖草坪支行

人民币（大写）	肆万肆仟肆佰陆拾元整	亿	千	百	十	万	千	百	十	元	角	分
					¥	4	4	4	6	0	0	0

票据种类	转账支票	票据张数	1
票据号码			

复核　　　　　记账

开户银行签章

中国工商银行股份有限公司 太原迎新街支行 2017.04.05 转讫

此联是开户银行交给收款人的收账通知

表 7-4

科目名称　库存现金

总第　页　分第　页
户名或编号：

2017年		凭证		摘要	对应科目	借方 (百十亿千百十万千百十元角分)	√	贷方 (百十亿千百十万千百十元角分)	借或贷	余额 (百十亿千百十万千百十元角分)
月	日	字	号							
4	1			期初余额					借	8 9 5 3 8 0
	5	收	2	销售产品 收交现金	主营业务收入	4 4 4 6 0 0 0				
	10	付	8	购买办公用品	管理费用			8 5 7 1 0 0		

表 7-5

科目名称　主营业务收入

总第　页　分第　页
户名或编号：

2017年		凭证		摘要	对应科目	借方 (百十亿千百十万千百十元角分)	√	贷方 (百十亿千百十万千百十元角分)	借或贷	余额 (百十亿千百十万千百十元角分)
月	日	字	号							
4	5	收	2	销售产品	库存现金			3 8 0 0 0 0 0		

表7-6

科目名称　应交税费

总第　页　分第　页

户名或编号：

2017年		凭证		摘要	对应科目	借方												借或贷	贷方													借或贷	余额												
月	日	字	号			百	十	亿	千	百	十	万	千	百	十	元	角	分		百	十	亿	千	百	十	万	千	百	十	元	角	分		百	十	亿	千	百	十	万	千	百	十	元	角	分
4	1			期初余额															√														借						1	5	3	0	0	0	0
	5	收	2	销售产品	库存现金														√						6	4	6	0	0	0	0	贷											
				……																																								

（二）4月10日，办公室赵刚购买办公用品，到财务科报销，以现金支付。其记账凭证及所附原始凭证见表7-7至表7-9；根据上述凭证登记账簿情况见表7-4、表7-10。

表7-7　　　　　　　　　　　　　付款凭证

贷方科目：库存现金　　　　　　2017 年 4 月 10 日　　　　　　付字第 8 号

摘　要	借方总账科目	明细科目	记账符号	金　额									
				千	百	十	万	千	百	十	元	角	分
购买办公用品	管理费用	办公费							8	5	7	0	0
合计（人民币大写）捌佰伍拾柒元整								￥	8	5	7	0	0

附单据 1 张

会计主管：罗杰　　记账：李红　　出纳：孙丽平　　审核：马东　　制单：田甜

表7-8

山西省商业零售普通发票

发票代码 114000721206
发票号码 01816209

购货单位：江阳轮胎厂
日期：2017/04//10　时间：10点30分
品名　　单价　　数量　　金额
办公用品　　　　　　　　875.00
人发币大写：×仟捌佰柒拾伍元零角零分
销货单位：太原下元百货商场
机器号：009　　流水号：018629
电话：8765489　　收款员：12768

卷筒发票可不加企业戳记

表7-9　　　　　　　　　　费用报销单

单位：办公室　　　　　　2017 年 4 月 10 日　　　　　　编号：

开支内容	金额	结算方式	
办公费	875.00	1.冲借款	元
		2.转　账	元
		3.汇　款	元
合计	×拾×万×仟捌佰柒拾伍元零角零分	4.现金付讫 875.00 元	

附单据 1 张

单位负责人：刘伟　　会计主管：罗杰　　经手人：赵刚　　出纳：孙丽平

表 7-10

科 目 名 称　管 理 费 用

总第　页　分第　页
户名或编号：

2017年		记账凭证		摘要	对应科目	借方	借方百十亿千百十万千百十元角分	√	贷方	贷方百十亿千百十万千百十元角分	借或贷√	余额	余额百十亿千百十万千百十元角分
月	日	字	号										
				略									
4	10	付	8	购买办公用品	库存现金		8 5 7 0 0						
				略									
	23	第	18	行政科板料	原材料		1 0 0 0 0 0 0						
				略									

（三）4月15日，向银行借入长期借款，其记账凭证及所附原始凭证见表7-11、表7-12；根据上述凭证登记账簿情况见表7-13、表7-14。

表7-11

收款凭证

借方科目：银行存款　　　　　　2017年4月15日　　　　　　收字第10号

摘　要	贷方总账科目	明细科目	记账符号	金　额									
				千	百	十	万	千	百	十	元	角	分
取得借款	长期借款	基建借款			6	8	0	0	0	0	0	0	0
合计（人民币大写）陆拾捌万元整				¥	6	8	0	0	0	0	0	0	0

附单据1张

会计主管：罗杰　　记账：李红　　出纳：孙丽平　　审核：马东　　制单：田甜

表7-12　　🌐中国工商银行**借款借据**第一联借据回单

银行编号：　　　　　　　　　　2017年4月15日　　　　　　№00578

借款单位名称	江阳轮胎厂	放款账号	125—437869022							利率		8%	
		存款账号	2469370085										
借款金额（大写）陆拾万元整				千	百	十	万	千	百	十	元	角	分
					¥	6	0	0	0	0	0	0	0

约定还款日期	2020年4月15日	借款种类	周转用	借款合同号码	
展期到期日期	年　月　日				

借款直接用途	1.设备更新改造	4.	还款记录	年	月	日	还款金额	余额
	2.	5.						
	3.	6.						

中国工商银行股份有限公司
太原迎新街支行
2017年04月15日
转讫

根据签订的借款合同和你单位申请借款用途，经审查同意发放上列金额贷款。
中国工商银行　　　　　　批准人　　　　　　（银行转账盖章）

2017年4月15日

此联退交借款单位

表7-13

科目名称　银行存款

总第　页　分第　页

户名或编号：

2017年 月	日	凭证 字	号	摘要	对应科目	借方 百	十	亿	千	百	十	万	千	百	十	元	角	分	贷方 百	十	亿	千	百	十	万	千	百	十	元	角	分	借或贷	余额 百	十	亿	千	百	十	万	千	百	十	元	角	分
4	1			期初余额																												借					3	6	2	7	0	4	5	0	0
	15	收	10	取得借款	长期借款					6	8	0	0	0	0	0	0	0																										
				略																																								

表7-14

科目名称　长期借款

总第　页　分第　页

户名或编号：

2017年 月	日	凭证 字	号	摘要	对应科目	借方 百	十	亿	千	百	十	万	千	百	十	元	角	分	贷方 百	十	亿	千	百	十	万	千	百	十	元	角	分	借或贷	余额 百	十	亿	千	百	十	万	千	百	十	元	角	分
4	15	收	10	取得借款	银行存款																		6	8	0	0	0	0	0	0	0	贷													
				略																																								

（四）4 月 23 日，行政科领用材料。其记账凭证及所附原始凭证见表 7-15、表 7-16；根据上述凭证登记账簿情况见表 7-10、表 7-17。

表 7-15

转账凭证

2017 年 4 月 23 日　　　　　　　　　　　　　　转字第 18 号

摘要	借方科目			贷方科目			金　额										
	总账科目	明细科目	√	总账科目	明细科目	√	亿	千	百	十	万	千	百	十	元	角	分
行政科领料	管理费用	材料费		原材料	汽油						1	0	0	0	0	0
合计（人民币大写）壹仟元整										￥	1	0	0	0	0	0

附单据 1 张

会计主管：罗　杰　　　记账：李　红　　　审核：马　东　　　制单：田　甜

表 7-16

江阳 轮胎厂材料领用单

领用单位：行政科　　　　　2017 年 4 月 23 日　　　　编号：　　　单位：元

项目 用途	材料名称　汽油		规格型号　93#	计量单位　升	
	请领	实发	单位成本	总成本	备注
管理部门用	200	200	5.00	1 000.00	
合计	200	200		1 000.00	

②此联经签收交材料核算员

主管：　　　　审核：　　　　领料：王刚　　　　发料：李霞

表 7-17

科目名称　原材料

总第　页　分第　页
户名或编号：

2017年		凭证		摘要	对应科目	借方											贷方											借或贷	余额											
月	日	字	号			百	十	亿	千	百	十	万	千	百	十	元	角	分	百	十	亿	千	百	十	万	千	百	十	元	角	分		百	十	亿	千	百	十	万	千	百	十	元	角	分
4	1			期初余额																													借					6	7	5	1	0	0	0	0
	23	第	18	行政科领料	管理费用																		1	0	0	0	0	0	0	0													

三、实训准备

（一）记账凭证实训用纸，见表7-18至表7-21。

表7-18

收款凭证

借方科目： 　　　　　　　　年 月 日 　　　　　　　　收字第 号

摘要	贷方总账科目	明细科目	记账符号	金额									
				千	百	十	万	千	百	十	元	角	分
合计（人民币大写）													

会计主管： 　　　记账： 　　　出纳： 　　　审核： 　　　制单：

表7-19

收款凭证

借方科目： 　　　　　　　　年 月 日 　　　　　　　　收字第 号

摘要	贷方总账科目	明细科目	记账符号	金额									
				千	百	十	万	千	百	十	元	角	分
合计（人民币大写）													

会计主管： 　　　记账： 　　　出纳： 　　　审核： 　　　制单：

表7-20

收款凭证

借方科目： 　　　　　　　　年 月 日 　　　　　　　　收字第 号

摘要	贷方总账科目	明细科目	记账符号	金额									
				千	百	十	万	千	百	十	元	角	分
合计（人民币大写）													

会计主管： 　　　记账： 　　　出纳： 　　　审核： 　　　制单：

表 7-21

付款凭证

贷方科目：　　　　　　　　　　　年　月　日　　　　　　　　　　付字第　号

摘要	贷方总账科目	明细科目	记账符号	金额										附单据 张
------	------------	---------	---------	千	百	十	万	千	百	十	元	角	分	
合计（人民币大写）														

会计主管：　　　记账：　　　出纳：　　　审核：　　　制单：

（二）账簿实训用纸。

在"实训资料"给出的各账簿中完成账簿错误的更正。

四、实训要求

采用适当方法更正记账凭证和账簿中的错误。

【实务训练提示】

【实务训练二　错账更正】中错账的更正方法：

1. 实训资料（一）的错误应采用红字更正法更正。因为记账凭证中使用的借方科目应该是"银行存款"，而给出的资料中使用的是"库存现金"，并已登记入账。

2. 实训资料（二）的错误应采用补充登记法更正。因为记账凭证中填写的金额（857元）小于实际发生的金额（875元），并已登记入账。

3. 实训资料（三）的错误应采用红字更正法更正。因为记账凭证中填写的金额（680 000元）大于实际发生的金额（600 000元），并已登记入账。

4. 实训资料（四）的错误应采用划线更正法更正。因为记账凭证正确无误，"原材料"账簿中登记的金额发生错误（将1 000元记成10 000元），只需要用划线更正法更正"原材料"账簿的记录。

第8章

财产清查

一、重点

1. 财产清查的种类

财产清查是指通过对货币资金、实物资产和往来款项的清点或核对，确定实存数，查明账存数与实存数是否相符的一种专门方法。在实际工作中，由于财产物资的自然属性、会计记录的错误、工作人员失职或营私舞弊等，会导致财产物资的账存数与实存数不一致，为了保证账簿记录的真实性，保证财产物资的安全完整，必须进行财产清查。财产清查按清查的范围不同，可分为全面清查和局部清查；按清查的时间不同，可分为定期清查和不定期清查；按清查的执行单位不同，可分为内部清查和外部清查。全面清查是对属于本单位的所有财产物资进行的盘点和核对，工作量大，不能频繁进行。局部清查是对一部分财产物资进行的盘点和核对，主要针对流动性大和比较贵重的财产物资。定期清查是根据计划安排的时间对财产物资进行的清查，一般在期末进行。不定期清查是根据实际情况的需要对财产物资进行的临时性清查。内部清查是由单位自行组织的财产清查，多数清查属于内部清查。外部清查是有关部门根据国家的规定或情况的需要所进行的财产清查。

2. 财产清查的方法

财产清查的方法主要有实地盘点法、技术推算法和核对账目法。实地盘点法是对各项实物通过逐一清点，或用计量器具进行实地称量确定其实存数量的方法，大部分财产物资都采用这种方法。技术推算法是通过量方、计尺等技术方法推算有关财产物资实有数量，大量、成堆、难以逐一清点的财产物资采用这种方法。财产清查的对象不同，清查方法也不同。

库存现金的清查采用实地盘点法，清查时出纳人员必须在场。清查结束，根据盘点结果填制的"库存现金盘点报告表"，属于重要的原始凭证。银行存款的清查采用核对账目法，将开户银行送来的对账单与本单位的银行存款日记账逐笔进行核对。如果出现不一致，原因有两个：一是存在记账错误；二是存在未达账项。未达账项是指由于收、付款的结算凭证在传递、接收时间上的不一致而导致的一方已经登记入账，而另一方尚未登记入账的事项。未达账项是一种正常现象，并非错账、漏账，单位可通过编制"银行存款余额调节表"的方法，清除未达账项的影响，进而达到检查双方记账有无差错的目的。

存货的清查采用实地盘点法和技术推算法两种。清查时存货保管人员应在现场，盘点结束，根据盘点结果填制"盘存单"；对账实不符的存货，编制"账存实存对比表"。二者都属于原始凭证，需进一步调整账簿记录。

往来款项的清查采用核对账目的方法。按每一往来单位编制一式两联的对账单，送交对方单位进行核对。

3. 存货的盘存制度

存货的盘存制度是确定存货账面结存数额的制度，有两种：实地盘存制和永续盘存制。实地盘存制是指在日常核算中，账簿上只登记存货的增加数，不登记减少数，期末通过实地盘点确定其结存数，并据以倒挤出本期减少数的一种方法。永续盘存制是指在日常核算中，账簿上既登记存货的增加数，又登记减少数，并随时在账面上结出其结存数的一种方法。实地盘存制核算比较简单，但不能随时反映存货的收入、发出和结存情况，不利于加强存货的控制和管理。永续盘存制，通过存货明细账可以随时了解存货的情况，通过实地盘点可以查明账实是否相符，有利于加强对存货的管理。在实际工作中，企业一般都应采用永续盘存制。

4. 财产清查结果的账务处理

财产清查结果的账务处理分两步：审批之前和审批之后。需要设置"待处理财产损溢"账户。清查结束，在审批之前，根据原始凭证中反映的盘亏或盘盈数，调整账簿记录，使账实相符。对于发生的盘盈，借记有关资产账户，贷记"待处理财产损溢"账户；对于发生的盘亏，作相反的处理。经股东大会、董事会、经理（厂长）会议等类似机构审批后，根据批复，转销盘盈、盘亏。转销盘盈时，分不同原因，借记"待处理财产损溢"账户，贷记"管理费用"、"其他应付款"或"营业外收入"等账户；转销盘亏时，分不同原因，借记"管理费用"、"其他应收款"或"营业外支出"等账户，贷记"待处理财产损溢"账户。

二、难点

1. 银行存款余额调节表的编制

"银行存款余额调节表"是以开户银行对账单和本单位银行存款日记账的账面余额为基础，加减未达账项编制而成。未达账项有四种：①单位已经收款入账，而银行未作收款入账的事项；②单位已经付款入账，而银行未作付款入账的事项；③银行已经收款入账，而单位未作收款入账的事项；④银行已经付款入账，而单位未作付款入账的事项。"银行存款余额调节表"是将银行对账单余额加上①减去②，得出一个调整后的余额；将银行存款日记账余额加上③减去④，也得出一个调整后的余额。如果双方记账没有错误，那么，这两个调整之后的余额是相等的。反之，如果两个调整之后的余额不相等，则表明双方在记账方面存在错误，应进一步查明原因，及时更正。"银行存款余额调节表"不是原始凭证，因而不能作为调整单位账簿记录的依据。

2. 往来款项清查结果的账务处理

往来款项清查结果的账务处理不同于其他财产物资，不需要分两步进行，只做审批后的，不做审批前的，不通过"待处理财产损溢"账户核算。无法收回的应收账款，报经批准后，借记"坏账准备"账户，贷记"应收账款"账户。无法支付的应付账款，报经批准后，借记"应付账款"账户，贷记"营业外收入"账户。

【练习题】

一、名词解释

1. 财产清查　2. 全面清查　3. 局部清查　4. 定期清查　5. 不定期清查　6. 未达账项
7. 永续盘存制　8. 实地盘存制

二、单项选择题

1. 单位撤销、合并或改变隶属关系时，一般进行（　　　）。

A. 全面清查　　　　　　B. 局部清查　　　　　　C. 定期清查　　　　　　D. 实地盘点

2. 下列各项中，对（　　　）进行财产清查可以采用实地盘点法。

A. 银行存款　　　　　　B. 债权　　　　　　　　C. 库存现金　　　　　　D. 债务

3. 在财产清查中填制的"账存实存对比表"是（　　　）。

A. 调整账面记录的原始凭证　　　　　　B. 调整账面记录的记账凭证

C. 登记总分类账的直接依据　　　　　　D. 登记日记账的直接依据

4. 实地盘存制，平时对存货的记录（　　　）。

A. 只登收入数，不登发出数　　　　　　B. 只登发出数，不登收入数

C. 先登发出数，后登收入数　　　　　　D. 先登收入数，后登发出数

5. 某企业原材料盘亏，现查明原因，属于定额内损耗，按照规定予以转销时，应编制的会计分录为（　　　）。

A. 借：待处理财产损溢　　　　　　　　B. 借：待处理财产损溢

　　贷：原材料　　　　　　　　　　　　　　贷：管理费用

C. 借：管理费用　　　　　　　　　　　D. 借：营业外支出

　　贷：待处理财产损溢　　　　　　　　　　贷：待处理财产损溢

6. 企业的应付账款确实无法支付的，经确认后作为（　　　）处理。

A. 坏账准备　　　　　　B. 营业外收入　　　　　C. 资本公积　　　　　　D. 其他业务收入

7. 银行存款的清查，就是将（　　　）进行核对。

A. 银行存款日记账和总分类账

B. 银行存款日记账和银行存款收、付款凭证

C. 银行存款日记账和银行对账单

D. 银行存款总分类账与银行存款收、付款凭证

8. "库存现金盘点报告表"应由（　　　）签章方能生效。

A. 经理和出纳　　　　　　　　　　　　B. 会计和盘点人员

C. 盘点人员和出纳　　　　　　　　　　D. 会计和出纳

9. 企业银行账与其开户银行账进行核对时，可编制"银行存款余额调节表"，假如在双方记账都不发生错误的前提下，调整后的存款余额（　　　）。

A.应该不等　　　　　　　　　　　　B.应该相等

C.应该企业余额小于银行余额　　　　D.应该企业余额大于银行余额

10.对于大量、成堆、难以逐一清点的财产物资的清查，一般采用（　　　）方法进行清查。

A.实地盘点　　　　　　　　　　　　B.抽查检验

C.查询核对　　　　　　　　　　　　D.技术推算盘点

三、多项选择题

1.财产清查的意义在于（　　　）。

A.保证账实相符　　　　　　　　　　B.保证财产物资安全完整

C.挖掘财产物资的潜力　　　　　　　D.维护财经纪律

E.促使企业对外经济往来的正常进行

2.不定期清查主要在（　　　）进行。

A.年末、季末、月末结账之后

B.更换财产物资保管人员时

C.审计机关、税务机关等上级部门进行财产监督检查时

D.财产物资发生意外损失时

E.单位撤销

3.（　　　）根据规定对企业所进行的清查是外部清查。

A.上级主管部门　　　　　B.审计机关　　　　　C.司法部门

D.注册会计师　　　　　　E.总会计师及企业领导

4.下列各项中，属于财产清查结果的有（　　　）。

A.账实一致　　　　　　B.账存数大于实存数　　　C.账存数小于实存数

D.毁损　　　　　　　　E.财产质量不符

5.实物清查的常用方法有（　　　）。

A.实地盘点法　　　　　B.技术推算盘点法　　　　C.账目核对法

D.逆查法　　　　　　　E.抽样盘点法

6.属于财产清查中取得或填制的原始凭证有（　　　）。

A.实存账存对比表　　　　　　　　B.库存现金盘点报告表

C.出纳人员赔偿现金短缺的收据　　D.银行存款余额调节表

E.未达账项登记表

7.银行存款的清查，需将（　　　）进行相互逐笔勾对。

A.银行存款总账　　　　B.银行对账单　　　　　　C.银行存款日记账

D.支票登记簿　　　　　E.银行存款明细账

8.银行存款日记账与银行对账单不一致的原因有（　　　）。

A.企业或银行一方出现记账错误　　B.出现未达账项

C.出现已达账项　　　　　　　　　　D.企业和银行双方均出现记账错误

E. 以上均是

9. 未达账项包括（　　）。

A. 企业已记收，银行未记收的款项　　　B. 企业已记付，银行未记付的款项

C. 银行已记收，企业未记收的款项　　　D. 银行已记付，企业未记付的款项

E. 银行未入账企业未入账的款项

10. "待处理财产损溢"账户借方发生额登记的是（　　）。

A. 待批准处理的财产盘亏　　　　　　　B. 经批准转销的财产盘亏

C. 待批准处理的财产盘盈　　　　　　　D. 经批准转销的财产盘盈

E. 待批准处理的财产毁损

11. 关于企业编制的"银行存款余额调节表"，下列正确的是（　　）。

A. 可调节账面余额

B. 确定企业可实际动用的款项

C. 调节后双方余额相等，一般说明双方记账相符

D. "银行存款余额调节表"应由出纳人员单独编制完成

E. 可以检查单位银行账的登记是否正确

12. 流动资产的盘亏和毁损，经批准后所编的会计分录，借方账户可能有（　　）。

A. 管理费用　　　　　　B. 营业外支出　　　　　　C. 待处理财产损溢

D. 其他应收款　　　　　E. 营业外收入

四、判断题

1. 定期清查可以是局部清查也可以是全面清查。　　　　　　　　　　　（　　）

2. 企业每月都应进行一次全面清查。　　　　　　　　　　　　　　　　（　　）

3. 财产清查前应做好相应的组织准备和业务准备。　　　　　　　　　　（　　）

4. 盘点现金时，出纳人员必须在场，以明确经济责任。　　　　　　　　（　　）

5. 对于未达账项应编制"银行存款余额调节表"进行调节，同时将未达账项编制记账凭证调整入账。　　　　　　　　　　　　　　　　　　　　　　　　　　　　（　　）

6. 在银行存款清查中，如果本单位和开户银行的记账均正确，那么该单位的银行存款日记账和银行送来的对账单肯定是一致的。　　　　　　　　　　　　　　　　　（　　）

7. 实地盘存制下，财产清查的目的在于保证账实相符。　　　　　　　　（　　）

8. "实存账存对比表"通常只填列账实不符的物资，对于账实完全相符的财产物资并不列入。　　　　　　　　　　　　　　　　　　　　　　　　　　　　　　　　（　　）

9. "实存账存对比表"是调整账簿记录的原始凭证。　　　　　　　　　　（　　）

10. 往来款项的清查，采用与对方核对账目的方法。　　　　　　　　　　（　　）

11. 存货在保管过程中发生的自然损溢，在日常会计核算中应加以反映，以保证账实相符。　　　　　　　　　　　　　　　　　　　　　　　　　　　　　　　　　（　　）

12. 对财产清查结果进行账务处理时，都必须通过"待处理财产损溢"账户。（　　）

【实务训练一　财产清查结果的账务处理】

一、实训目的

通过实务训练使学生明确财产物资盘盈和盘亏的概念、应填制的原始凭证以及清查结果处理的程序，掌握财产清查结果的账务处理方法。

二、实训资料

（一）飞扬水泵有限责任公司 2017 年年末进行财产清查，发现如下账实不符情况：

1. 库存现金盘亏 200 元，库存现金盘点报告表见表 8-1。

表 8-1　　　　　　　　　　**库存现金盘点报告表**

单位名称：飞扬水泵有限责任公司　　　2017 年 12 月 24 日　　　　　　　　　单位：元

币别	实存金额	账存金额	对比结果		备注
			盘盈	盘亏	
人民币	4 512.00	4 712.00		200.00	出纳过失

盘点人签章：刘小天　　　　　　　　　　出纳员签章：王小蒙

2. 盘亏机器设备一台，固定资产盘盈、盘亏报告单见表 8-2。

表 8-2　　　　　　　　　　**固定资产盘盈、盘亏报告单**

部门：生产车间　　　　　　　　　2017 年 12 月 24 日　　　　　　　　金额单位：元

编号	名称	规格及型号	盘盈			盘亏			毁损			备注
			数量	价值	累计折旧	数量	原价	已提折旧	数量	原价	已提折旧	
039	机床					1 台	65 800	23 000				原因无法查明
处理意见		审批部门			清查小组				使用保管部门			
		同意处理			同意处理				同意处理			

盘点人签章：张大义　　　　　　　　　实物保管人签章：贾俊杰

3. 部分原材料盘盈，账存实存对比表见表 8-3。

表 8-3　　　　　　　　账存实存对比表

单位名称：飞扬水泵有限责任公司　　　2017 年 12 月 24 日　　　　　　　　　金额单位：元

编号	类别及名称	规格或型号	计量单位	单价	账存		实存		对比结果				备注
					数量	金额	数量	金额	盘盈		盘亏		
									数量	金额	数量	金额	
402	圆钢	Φ10mm	吨	3 000	510	1 530 000	511	1 533 000	1	3 000			系日常计量差错所致

4. 产品盘亏，账存实存对比表见表 8-4。

表 8-4　　　　　　　　账存实存对比表

单位名称：飞扬水泵有限责任公司　　　2017 年 12 月 24 日　　　　　　　　　金额单位：元

编号	类别及名称	规格或型号	计量单位	单价	账存		实存		对比结果				备注
					数量	金额	数量	金额	盘盈		盘亏		
									数量	金额	数量	金额	
512	潜水泵	AS	台	15 000	80	1 200 000	79	1 185 000			1	15 000	失窃

（二）财产清查报告如下：

关于 2017 年度财产清查盘点结果及账务处理的报告

公司董事会、监事会：

　　年终财产清查工作现已结束，盘点结果如附表。根据财务制度和企业会计准则规定，对盘盈盘亏的存货、库存现金、固定资产拟作如下处理：

　　1. 盘亏现金 200 元，是出纳人员个人过失造成，由其赔偿。

　　2. 盘亏的固定资产原因无法查明，转作营业外支出。

　　3. 盘盈的原材料是入库时日常计量差错引起，冲销管理费用。

　　4. 盘亏的库存商品是保管人员疏忽，失窃所致，由其赔偿 3 000 元，剩余损失由本公司承担，转作管理费用。

　　特此报告，请批复。

　　　　　　　　　　　　　　　　　　　　　　　　　　　　　　2017 年 12 月 25 日

（三）财产物资盘盈盘亏的处理批复如下：

关于财产物资盘盈盘亏的处理批复

公司财务科：

经研究决定，本年年末进行的财产清查，其盘盈盘亏的结果按以下办法核销：

1. 盘亏现金200元，由出纳人员赔偿；

2. 盘亏的固定资产，转作营业外支出；

3. 盘盈的原材料，冲销管理费用；

4. 盘亏的库存商品，由保管人员赔偿3 000元，剩余损失转作管理费用。

飞扬水泵有限责任公司

董事会、监事会

2017 年 12 月 30 日

三、实训准备

付款凭证 1 张，转账凭证 7 张。

四、实训要求

根据实训资料填制相应的记账凭证，进行财产清查结果的会计处理。

【实务训练二　银行存款余额调节表的编制】

见"第 9 章　账务处理程序"实务训练二。

【实务训练提示】

【实务训练一】应填制的记账凭证（用会计分录代替）：

1. 库存现金盘亏 200 元。

（1）以"库存现金盘点报告表"为原始凭证：

借：待处理财产损溢　　　　　　　　　　　　　　　　　　　　200

　　贷：库存现金　　　　　　　　　　　　　　　　　　　　　　　　200

（2）以"关于财产物资盘盈盘亏的处理批复"为原始凭证：

借：其他应收款　　　　　　　　　　　　　　　　　　　　　　200

　　贷：待处理财产损溢　　　　　　　　　　　　　　　　　　　　　200

2. 盘亏机器设备一台。

（1）以"固定资产盘盈、盘亏报告单"为原始凭证：

借：待处理财产损溢　　　　　　　　　　　　　　　　　　　42 800

　　累计折旧　　　　　　　　　　　　　　　　　　　　　　23 000

　　贷：固定资产　　　　　　　　　　　　　　　　　　　　　　65 800

（2）以"关于财产物资盘盈盘亏的处理批复"为原始凭证：

借：营业外支出　　　　　　　　　　　　　　　　　　　　　42 800

　　贷：待处理财产损溢　　　　　　　　　　　　　　　　　　　　42 800

3. 盘盈的原材料。

（1）以"账存实存对比表"为原始凭证：

借：原材料　　　　　　　　　　　　　　　　　　　　3 000

　　贷：待处理财产损溢　　　　　　　　　　　　　　　　　　3 000

（2）以"关于财产物资盘盈盘亏的处理批复"为原始凭证：

借：待处理财产损溢　　　　　　　　　　　　　　　　　3 000

　　贷：管理费用　　　　　　　　　　　　　　　　　　　　　3 000

4. 盘亏的产品。

（1）以"账存实存对比表"为原始凭证：

借：待处理财产损溢　　　　　　　　　　　　　　　　15 000

　　贷：库存商品　　　　　　　　　　　　　　　　　　　　15 000

（2）以"关于财产物资盘盈盘亏的处理批复"为原始凭证：

借：其他应收款　　　　　　　　　　　　　　　　　　3 000

　　管理费用　　　　　　　　　　　　　　　　　　12 000

　　贷：待处理财产损溢　　　　　　　　　　　　　　　　　15 000

第9章

账务处理程序

第9章

【重点与难点】

一、重点

1. 账务处理程序的种类和基本要求

账务处理程序是会计凭证、账簿组织、记账程序和记账方法相互结合的方式。目前，我国采用的账务处理程序主要有记账凭证账务处理程序、科目汇总表账务处理程序和汇总记账凭证账务处理程序。各种账务处理程序之间的区别主要在于登记总账的依据和方法不同。任何单位都应根据国家统一会计制度的要求，结合本单位的实际情况和具体条件，选择适应本单位特点的账务处理程序。

2. 记账凭证账务处理程序

记账凭证账务处理程序是指对发生的经济业务，都要以原始凭证或原始凭证汇总表编制记账凭证，然后根据记账凭证逐笔登记总分类账的一种账务处理程序，是最基本的账务处理程序。采用该程序，记账凭证可采用通用格式，也可采用专用格式。设置的账簿包括：日记账、总账和明细账。日记账一般采用三栏式；总账也采用三栏式，可以设置"对应科目"栏；明细账按不同的经济内容采用三栏式、数量金额式或多栏式。其主要特点是直接根据记账凭证逐笔登记总分类账，明细账、日记账的登记方法以及会计报表的编制方法与其他账务处理程序相同。记账凭证账务处理程序简单明了，操作简便，总账的登记能详细反映经济业务的发生情况，但是，总账登记的工作量较大，适用于规模较小且经济业务较少的单位。

3. 科目汇总表账务处理程序

科目汇总表账务处理程序是指对发生的经济业务，首先根据原始凭证或原始凭证汇总表编制记账凭证，然后根据记账凭证定期编制科目汇总表，并据以登记总分类账的一种账务处理程序。采用该程序，记账凭证可采用单式凭证，也可采用复式凭证，另设科目汇总表。账簿的设置同记账凭证账务处理程序，但总账不可以设置"对应科目"栏。其主要特点是，定期将所有记账凭证编制成科目汇总表，以科目汇总表为依据登记总分类账。其处理程序比记账凭证账务处理程序多了一个步骤，即编制科目汇总表。科目汇总表账务处理程序大大减少了登记总账的工作量，而且，通过科目汇总表可以进行试算平衡。但是，在科目汇总表和总账中不能反映账户的对应科目，无法反映经济业务的来龙去脉。该程序应用范围比较广，规模较大、经济业务较多的单位都可以采用。

4. 汇总记账凭证账务处理程序

汇总记账凭证账务处理程序是指对发生的经济业务，首先根据原始凭证或原始凭证汇总表编制记账凭证，然后根据记账凭证定期编制汇总记账凭证，并据以登记总分类账的一种账务处理程序。采用该程序，记账凭证应采用包括收款凭证、付款凭证和转账凭证的专用格式，另设汇总收款凭证、汇总付款凭证和汇总转账凭证。账簿的设置同记账凭证账务处理程序。其主要特点是，定期将所有记账凭证汇总编制成汇总记账凭证，以汇总记账凭证为依据登记总分类账。其处理程序比记账凭证账务处理程序多了一个步骤，即编制汇总记账凭证。汇总记账凭证账务处理程序大大简化了登记总分类账的工作量，并且在总分类账中清晰地反映了账户间的对应关系，便于对经济业务进行分析检查。但是，汇总转账凭证是按贷方科目而不是按经济业务性质归类、汇总的，不利于日常核算工作的合理分工，而且编制汇总记账凭证工作量也较大。该程序适用于规模较大、经济业务较多的企业。

二、难点

1. 科目汇总表的编制

科目汇总表也称记账凭证汇总表，是根据一定时期内全部记账凭证，按会计科目进行归类编制的。其编制时间，应根据各单位业务量大小而定。可以每月汇总一次编制一张，也可以在一个月之内汇总若干次，编制若干张。每次汇总都应注明汇总的记账凭证起讫字号。汇总时，将汇总时期编制的记账凭证所涉及的总分类科目依次填写在"科目汇总表"的"会计科目"栏；计算出每一个总分类科目的借方发生额合计和贷方发生额合计，并分别填入"本期发生额"栏；将所有科目的借方发生额相加得出一个总数，贷方发生额相加得出一个总数，分别填入"合计"行。这两个总数相等，说明记账凭证和科目汇总表编制基本正确，可以据以登记总分类账。否则，说明有错误，需进一步查找错误。

2. 汇总收款凭证、汇总付款凭证、汇总转账凭证的编制

在汇总记账凭证账务处理程序下，需设置汇总收款凭证、汇总付款凭证和汇总转账凭证。汇总收款凭证是按照"库存现金""银行存款"科目的借方设置，并根据收款凭证相对应的贷方科目分设专行进行汇总。每月可以汇总若干次，但只编制一张。汇总现金收款凭证，将一定时期现金收款凭证中的贷方科目名称填入"贷方科目"栏；将贷方科目本时期的发生额合计填入对应时期的"金额"栏；计算出所有贷方科目发生额总计，填入"合计"行。月末根据表中的各合计数分别登记"库存现金"总账的借方和其他总账的贷方。汇总银行存款收款凭证道理相同。汇总付款凭证是按照"库存现金""银行存款"科目的贷方设置，按其对应的借方科目分设专行进行汇总。汇总转账凭证按照每一贷方科目分别设置，并根据转账凭证相对应的借方科目分设专行进行汇总。月末，根据汇总转账凭证的合计数，据以登记相应的总分类账。

【练习题】

一、名词解释

1. 账务处理程序　2. 记账凭证账务处理程序　3. 科目汇总表账务处理程序　4. 汇总记

账凭证账务处理程序　5.科目汇总表　6.汇总记账凭证

二、单项选择题

1.区分不同账务处理程序的根本标志是（　　）。

A.编制汇总原始凭证的依据不同　　　　B.编制记账凭证的依据不同

C.登记总分类账的依据不同　　　　　　D.编制会计报表的依据不同

2.在所有的账务处理程序中，最基础的是（　　）。

A.科目汇总表账务处理程序　　　　　　B.记账凭证账务处理程序

C.汇总记账凭证账务处理程序　　　　　D.日记账总账账务处理程序

3.记账凭证账务处理程序的缺点是（　　）。

A.核算程序复杂

B.不便于对账和查账

C.登记总分类账的工作量大

D.不便于总分类账与明细分类账的分工协作

4.下列各项中，属于科目汇总表汇总范围的是（　　）。

A.全部科目的借方余额　　　　　　　　B.全部科目的贷方余额

C.全部科目的借、贷方发生额　　　　　D.部分科目的借、贷方发生额

5.采用汇总记账凭证账务处理程序时，"库存现金"总账中支出栏的登记依据
是（　　）。

A.现金收款凭证　　　　　　　　　　　B.现金付款凭证

C.汇总现金付款凭证的合计数　　　　　D.汇总银行存款付款凭证的合计数

6.汇总转账凭证设置的科目是（　　）。

A.库存现金　　　　　　　　　　　　　B.银行存款

C.所有凭证贷方科目　　　　　　　　　D.所有转账凭证贷方科目

7.汇总记账凭证账务处理程序适用于（　　）的企业。

A.规模较小，经济业务不多　　　　　　B.规模较大，经济业务不多

C.规模较小，经济业务较多　　　　　　D.规模较大，经济业务较多

8.科目汇总表的缺点主要是不能反映（　　）。

A.账户借方、贷方发生额　　　　　　　B.账户借方、贷方余额

C.账户对应关系　　　　　　　　　　　D.各账户借方、贷方发生额合计

9.科目汇总表账务处理程序和汇总记账凭证账务处理程序的主要相同点是（　　）。

A.登记总账的依据相同　　　　　　　　B.汇总凭证的格式相同

C.记账凭证都需汇总并且记账步骤相同　D.记账凭证的汇总方向相同

10.汇总记账凭证账务处理程序下，总分类账账页格式一般采用（　　）。

A.三栏式　　　　　　　　　　　　　　B.多栏式

C.设有"对应科目"栏的三栏式　　　　D.数量金额式

11.账务处理程序主要用来解决会计核算工作中的（　　）问题。

A.账簿选择　　　　B.会计分工　　　　C.技术组织方式　　　D.会计人员的责任

12.在汇总记账凭证账务处理程序下，从银行提取现金的业务，应汇总在（　　）之中。

A.银行存款付款汇总凭证　　　　　　　B.现金付款汇总凭证

C.银行存款收款汇总凭证　　　　　　　　D.现金收款汇总凭证

13.采用汇总记账凭证账务处理程序时，总账的登记时间是（　　　）。

A.随时登记　　　　　　　　　　　　　B.月末一次登记

C.随汇总记账凭证的编制时间而定　　　　D.按旬登记

三、多项选择题

1.账务处理程序的内容包括（　　　）。

A.账簿组织　　　　　　　B.记账程序　　　　　　　C.成本计算

D.报表分析　　　　　　　E.记账方法

2.在记账凭证账务处理程序下，应设置（　　　）。

A.收款、付款、转账凭证或通用记账凭证

B.科目汇总表

C.汇总记账凭证

D.库存现金和银行存款日记账

E.总分类账和若干明细分类账

3.科目汇总表账务处理程序的优点有（　　　）。

A.根据科目汇总表登记总账，能大大减轻总账登记的工作量

B.能进行登账前的试算平衡

C.凭证汇总工作较为简便，便于操作

D.便于对账和查账

E.以上都是

4.在汇总记账凭证账务处理程序下，要求平时编制记账凭证时一般应（　　　）。

A.一借一贷　　　　　　　B.一借多贷　　　　　　　C.多借一贷

D.多借多贷　　　　　　　E.记账凭证采用单式凭证

5.汇总记账凭证账务处理程序的缺点是（　　　）。

A.登记总账工作量大　　　　　　　　　B.不能清晰地反映账户之间的对应关系

C.不利于经济活动的分析和检查　　　　D.汇总记账凭证的编制工作量大

E.不利于日常核算工作的合理分工

6.在汇总记账凭证账务处理程序下，总分类账可根据（　　　）登记。

A.汇总收款凭证　　　　　B.汇总付款凭证　　　　　C.汇总转账凭证

D.汇总原始凭证　　　　　E.日记账

7.编制科目汇总表的要点是（　　　）。

A.根据记账凭证按相同会计科目编制

B.定期汇总每一会计科目的借贷方发生额之差

C.定期汇总每一会计科目的借方发生额和贷方发生额

D.将汇总的有关数额分别填入科目汇总表的相应栏目内

E.会计科目汇总后进行试算平衡

8.采用科目汇总表账务处理程序时，月末与总分类账进行核对的账目有（　　　）。

A.库存现金日记账　　　　B.银行存款日记账　　　　C.各种明细分类账

D.科目汇总表　　　　　　E.记账凭证

9. 在汇总记账凭证账务处理程序下，"主营业务收入"总账登记的依据有（　　）。

A. 汇总现金收款凭证中"主营业务收入"专栏的合计数

B. 汇总银行存款收款凭证中"主营业务收入"专栏的合计数

C. 转账凭证

D. 收款凭证

E. 按"主营业务收入"设置的汇总转账凭证的合计数

10. 总分类账登记的依据有（　　）。

A. 记账凭证　　　　　　　　B. 科目汇总表　　　　　　　　C. 汇总记账凭证

D. 原始凭证　　　　　　　　E. 汇总原始凭证

11. 各种常用账务处理程序的基本相同点是（　　）。

A. 填制记账凭证的依据相同　　　　　B. 登记明细账的依据和方法相同

C. 登记日记账的依据和方法相同　　　D. 登记总账的依据和方法相同

E. 编制会计报表的依据和方法相同

12. 在各种账务处理程序中，共同的程序是（　　）。

A. 均应编制汇总原始凭证　　　　　　B. 均应编制记账凭证

C. 均应编制汇总记账凭证　　　　　　D. 均应设置总账

E. 均应编制科目汇总表

四、判断题

1. 所有账务处理程序都要求首先将所有原始凭证汇总编制成汇总原始凭证。（　　）

2. 在记账凭证账务处理程序下，为了简化核算可以设置多栏式库存现金日记账、多栏式银行存款日记账。（　　）

3. 科目汇总表可以每汇总一次就编制一张，也可以每旬汇总一次，每月编制一张。（　　）

4. 汇总收款凭证应根据库存现金、银行存款的收款凭证分别按"库存现金""银行存款"的借方设置，并按对应的贷方账户定期归类汇总。（　　）

5. 汇总转账凭证，习惯上都是按每一贷方账户分别设置，并按对方的借方账户定期归类汇总，分别登记该总分类账户的贷方和各对应账户的借方。（　　）

6. 科目汇总表不仅能起到试算平衡作用，而且可以反映账户之间的对应关系。（　　）

7. 在汇总记账凭证账务处理程序下，库存现金日记账可以根据汇总收、付款凭证登记。（　　）

8. 总账的登记依据可以是明细账或日记账。（　　）

9. 账务处理程序不同，明细分类账登记的依据就不同。（　　）

10. 企业采用何种账务处理程序，不要求统一，应根据各单位规模大小、业务繁简、工作基础强弱、经营业务特点而定。（　　）

【实务训练一　记账凭证账务处理程序的运用】

一、实训目的

通过实务训练使学生进一步熟悉记账凭证账务处理程序的流程；熟练掌握本流程各

步骤的处理方法，包括会计凭证的填制和审核，总账、明细账和日记账的设置、登记、核对和结算，会计报表的编制，会计档案的整理与装订，提高学生的会计综合能力。

二、实训资料

（一）富丽羊绒制品厂概况。

企业性质：羊绒衣生产加工企业

注册资金：150 万元人民币

经营范围：主要生产经营低圆领衫、哥弟帽衫、全身扭花帽开衫和 T 恤衫

企业组织设置：行政管理部门、生产车间

地址及电话：和平南路 16 号，0351-8885555

法定代表人：黄俊武

财务负责人：高建忠

基本存款户开户行及银行账号：工行和平南路支行，0502126309026404018

一般存款户开户行及银行账号：工行千峰北路支行，0502143809026404019

纳税人登记号：91140105652349836M

其他情况：出纳员刘小倩，制单人员郑铎，审核人员李艳

预留印鉴：法定代表人名章和企业财务专用章

（二）会计核算规定。

富丽羊绒制品厂会计实行集中核算。会计处理程序为记账凭证会计处理程序，其记账凭证采用专用记账凭证格式。原材料、库存商品均按其品名开设明细账户进行明细核算。成本计算采用品种法，制造费用按产品产量进行分配。所得税按年计算，年终对所得税进行汇算清缴，并将税后全年净利润按国家相关法律及企业的章程进行分配。产品销售价格均为不含增值税价格，增值税税率17%，城市维护建设税税率7%，教育费附加征收率为3%，所得税税率为25%。法定盈余公积的提取比例为10%，并按净利润的30%对投资者分配利润。

（三）开设的账户，会计科目表见表 9-1。

表 9-1　　　　　　　　　　　　会计科目表

序号	编号	会计科目名称	序号	编号	会计科目名称
		一、资产类			三、所有者权益
1	1001	库存现金	15	4001	实收资本
2	1002	银行存款	16	4101	盈余公积
3	1122	应收账款	17	4103	本年利润
4	1221	其他应收款	18	4104	利润分配
5	1403	原材料			四、成本类
6	1405	库存商品	19	5001	生产成本
7	1601	固定资产	20	5101	制造费用
8	1602	累计折旧			五、损益类
		二、负债类	21	6001	主营业务收入
9	2001	短期借款	22	6401	主营业务成本
10	2202	应付账款	23	6403	税金及附加
11	2211	应付职工薪酬	24	6601	销售费用
12	2221	应交税费	25	6602	管理费用
13	2231	应付利息	26	6603	财务费用
14	2232	应付股利	27	6801	所得税费用
			28	6711	营业外支出

（四）账户（包括总分类账户和明细分类账户）期初余额，见表9-2、表9-3。

表9-2
总分类账户余额表

2017年12月1日　　　　　　　　　　　　　　单位：元

总账账户	借方余额	总账账户	贷方余额
库存现金	2 243.00	短期借款	54 000.00
银行存款（基本存款户）	153 638.00	应付账款	55 860.00
应收账款	60 000.00	实收资本	1 500 000.00
原材料	54 950.00	盈余公积	116 193.70
库存商品	49 817.70	本年利润	587 590.00
固定资产	2 900 000.00	利润分配	22 000.00
		累计折旧	885 005.00
合计	3 220 648.70	合计	3 220 648.70

表9-3
明细分类账户余额表

2017年12月1日　　　　　　　　　　　　金额单位：元

总账账户	明细账户	数量	单价	金额 借方	金额 贷方
应收账款	百大商场			45 000.00	
	梅园商场			15 000.00	
应付账款	山纺纺纱厂				43 000.00
	绿色化工厂				12 860.00
原材料	山羊绒A622	20千克	750.00	15 000.00	
	山羊绒A001	40千克	750.00	30 000.00	
	牛奶绒224	40千克	180.00	7 200.00	
	牛奶绒008	5千克	180.00	900.00	
	洗缩剂	5千克	50.00	250.00	
	柔顺剂	20千克	80.00	1 600.00	
库存商品	低圆领衫	50件	214.74	10 737.00	
	哥弟帽衫	10件	89.94	899.40	
	全身扭花帽开衫	80件	463.44	37 075.20	
	T恤衫	15件	73.74	1 106.10	

（五）2017 年 12 月份发生的经济业务及原始凭证如下：

1.1 日，从银行借入短期借款。有关原始凭证见表 9-4。

表 9-4　　**中国工商银行借款借据** 第一联借据回单

银行编号：　　　　　　　　　　2017 年 12 月 1 日　　　　　　　№001310

借款单位名称	富丽羊绒制品厂	放款账号	128-231085316				利率		6%	
借款金额（大写）		存款账号	0502143809026404019							
借款金额（大写）	壹拾万元整			千	百	十	万	千	百	十	元	角	分

借款金额（大写）　壹拾万元整　　　¥ 1 0 0 0 0 0 0 0 0

| 约定还款日期 | 2018 年 9 月 1 日 | 借款种类 | 周转用 | 借款合同号码 | 2017-12-10 |
| 展期到期日期 | 年　月　日 | | | | |

借款直接用途	1.设备更新改造	4.	还款记录	年	月	日	还款金额	余额
	2.	5.						
	3.	6.						

根据签订的借款合同和你单位申请借款用途，经审查同意发放上列金额贷款。

中国工商银行批准人

（银行转账盖章）

中国工商银行股份有限公司
太原千峰北路支行
2017年12月01日
讫

2017 年 12 月 1 日

此联退交借款单位

2.3 日，购入机油，已验收入库，货款用转账支票支付。有关原始凭证见表 9-5 至表 9-7。

表 9-5　　**山西增值税专用发票**　　№ 06437821

1408956632　　　　发票山西联　　开票日期：2017 年 12 月 3 日

购买方	名　称：	富丽羊绒制品厂	密码区	（略）
	纳税人识别号：	91140105652349836M		
	地址、电话：	和平南路 16 号　8885555		
	开户行及账号：	工行和平南路支行 0502126309026404018		

货物或应税劳务、服务名称	规格型号	单位	数量	单价	金额	税率	税额
机油		千克	60	7.20	432.00	17%	73.44
合　计					¥ 432.00		¥ 73.44

| 价税合计（大写） | ⊗伍佰零伍元肆角肆分 | （小写）¥ 505.44 |

销售方	名　称：	山西高泰石油化工有限公司	备注	山西高泰石油化工有限公司 91140107719950128M 发票专用章
	纳税人识别号：	91140107719950128M		
	地址、电话：	太原市义井路 5 号　8884567		
	开户行及账号：	工行太原义井支行 1246010400257802765		

收款人：张荣生　　复核：曹玉兰　　开票人：李芳　　销售方（章）

第三联　发票联　购买方记账凭证

表9-6

中国工商银行
转账支票存根
10201140
20171203

附加信息＿＿＿＿＿＿＿＿＿＿＿＿＿

出票日期 2017 年 12 月 3 日

收款人：山西高泰石油化工有限公司	
金　额：￥505.44	
用　途：购进材料	

单位主管：　　　　会计：

表9-7　　　　　　　　　　　　收料单　　　　　　　　　　　编号：001

类别：辅助材料　　　　　　　2017 年 12 月 3 日　　　　　　金额单位：元

材料编号	名称	规格及型号	计量单位	数量		实际成本				
				应收	实收	买价		运杂费	其他	合计
						单价	金额			
（略）	机油		千克	60	60	7.20	432			432
供应单位	山西高泰石油化工有限公司			单据号码		06437821				
备　注										

主管：　　　　　验收：王军　　　　采购：周贺　　　　制单：赵凯

第三联　财会记账

3.12 月 5 日，收到银行转来的收账通知，百大商场归还前欠货款。有关原始凭证见表9-8。

表9-8　　中国工商银行进账单（收账通知）　3

2017 年 12 月 5 日　　　　　　　　　第　　号

收款人	全　　称	富丽羊绒制品厂	付款人	全　　称	百大商场
	账　　号	0502126309026404018		账　　号	0502123010022502456
	开户银行	工行和平南路分行		开户银行	工行迎泽支行

人民币（大写）	肆万伍仟元整	亿	千	百	十	万	千	百	十	元	角	分
					￥	4	5	0	0	0	0	0

票据种类	转账支票	票据张数	1	收款人开户银行签章
票据号码				中国工商银行股份有限公司 太原和平南路支行 2017年12月05日 转讫
复核　　　　记账				

此联是开户银行交给收款人的收账通知

4.6日，购入山羊绒和牛奶绒，货款尚未支付，材料已验收入库。有关原始凭证见表 9-9 至表 9-11。

表9-9

山西增值税专用发票　　　　No 08473641

1409856654　　　　发票联　　　　开票日期：2017 年 12 月 6 日

购买方	名　　　称：富丽羊绒制品厂 纳税人识别号：91140105652349836M 地址、电话：和平南路16号　8885555 开户行及账号：工行和平南路支行0502126309026404018	密码区	（略）

货物或应税劳务、服务名称	规格型号	单位	数量	单价	金额	税率	税额
山羊绒	A622	千克	90	750.00	67 500.00	17%	11 475.00
山羊绒	A001	千克	150	750.00	112 500.00	17%	19 125.00
牛奶绒	008	千克	10	180.00	1 800.00	17%	306.00
合　计					￥181 800.00		￥30 906.00

价税合计（大写）	⊗贰拾壹万贰仟柒佰零陆元整	（小写）￥212 706.00

销售方	名　　　称：山纺纺纱厂 纳税人识别号：91120975433330985M 地址、电话：太原市大营盘23号　8881234 开户行及账号：工行大营盘支行0502547865022117131	备注	山纺纺纱厂 91120975433330985M 发票专用章

收款人：高士达　　　　复核：刘波　　　　开票人：王志刚　　　　销售方（章）

第三联　发票联　购买方记账凭证

表9-10　　　　**收料单**　　　　编号：002

类别：原料及主要材料　　　　2017 年 12 月 6 日　　　　金额单位：元

材料编号	名称	规格及型号	计量单位	数量		实际成本			
				应收	实收	买价		运杂费	其他	合计
						单价	金额			
（略）	山羊绒	A622	千克	90	90	750	67 500			67 500
（略）	山羊绒	A001	千克	150	150	750	112 500			112 500
供应单位		山纺纺纱厂			单据号码		08473641			
备　注										

主管：　　　验收：王军　　　采购：周贺　　　制单：赵凯

第三联　财会记账

表9-11　　　　**收料单**　　　　编号：003

类别：原料及主要材料　　　　2017 年 12 月 6 日　　　　金额单位：元

材料编号	名称	规格及型号	计量单位	数量		实际成本			
				应收	实收	买价		运杂费	其他	合计
						单价	金额			
（略）	牛奶绒	008	千克	10	10	180	1 800			1 800
（略）										
供应单位		山纺纺纱厂			单据号码		08473641			
备　注										

主管：　　　验收：王军　　　采购：周贺　　　制单：赵凯

第三联　财会记账

5.8日，购入洗缩剂，货款用转账支票支付，材料已验收入库。有关原始凭证见表9-12至表9-14。

表9-12

山西增值税专用发票　　No 08421970

1409856654

发票联

开票日期：2017 年 12 月 8 日

购买方	名　　　称：富丽羊绒制品厂 纳税人识别号：91140105652349836M 地址、电话：和平南路16号　8885555 开户行及账号：工行和平南路支行 0502126309026404018	密码区	（略）

货物或应税劳务、服务名称	规格型号	单位	数 量	单 价	金 额	税率	税 额
洗缩剂		千克	25	50.00	1 250.00	17%	212.50
合 计					￥1 250.00		￥212.50

价税合计（大写）	⊗壹仟肆佰陆拾贰元伍角整	（小写）￥1 462.50

销售方	名　　　称：绿色化工厂 纳税人识别号：911330985000287321M 地址、电话：太原市晋祠路29号　8889876 开户行及账号：工行晋垣支行 124-6743008596	备注	91330985000287321M 发票专用章

收款人：兰海平	复核：裴 新	开票人：吉淑华	销售方（章）

第三联　发票联　购买方记账凭证

表9-13

中国工商银行
转账支票存根
10201140
20171204

附加信息_____

出票日期2017 年 12 月 8 日

收款人：绿色化工厂

金　额：￥1 462.50

用　途：购进材料

单位主管：　　　会计：

表9-14

收料单

编号：004

类别：原料及主要材料　　　　2017 年 12 月 8 日　　　　金额单位：元

材料编号	名称	规格及型号	计量单位	数量		实际成本				
				应收	实收	买价		运杂费	其他	合计
						单价	金额			
（略）	洗缩剂		千克	25	25	50	1 250			1 250

供应单位	绿色化工厂	单据号码	08421970
备注			

主管：	验收：王 军	采购：周 贺	制单：赵 凯

第三联　财会记账

6.10 日，车间领用原材料山羊绒和牛奶绒，用于产品生产。有关原始凭证见表 9-15 至表 9-18。

表 9-15　　材料领用单　　　　编号：001

领用单位：生产车间　　　　2017 年 12 月 10 日　　　　金额单位：元

项目 用途	材料名称　山羊绒		规格型号 A622		计量单位　千克	
	请　领	实　发	单位成本	总成本	备注	
生产低圆领衫	101.20	101.20	750	75 900		
合　计	101.20	101.20		75 900		

主管：　　　审核：邓小丽　　　领料：赵峰　　　发料：张卿

②此联经签收交材料核算员

表 9-16　　材料领用单　　　　编号：002

领用单位：生产车间　　　　2017 年 12 月 10 日　　　　金额单位：元

项目用途	材料名称　山羊绒		规格型号　A001		计量单位　千克	
	请　领	实　发	单位成本	总成本	备　注	
生产全身扭花帽开衫	180	180	750	135 000		
合　计	180	180		135 000		

主管：　　　审核：邓小丽　　　领料：赵峰　　　发料：张卿

②此联经签收交材料核算员

表 9-17　　材料领用单　　　　编号：003

领用单位：生产车间　　　　2017 年 12 月 10 日　　　　金额单位：元

项目用途	材料名称　牛奶绒		规格型号　224		计量单位　千克	
	请　领	实　发	单位成本	总成本	备　注	
生产哥弟帽衫	20	20	180	3 600		
合　计	20	20		3 600		

主管：　　　审核：邓小丽　　　领料：赵峰　　　发料：张卿

②此联经签收交材料核算员

表9-18　　　　　　　　　　　　　　材料领用单　　　　　　　　　　　编号：004

领用单位：生产车间　　　　　　　　　2017 年 12 月 10 日　　　　　　　金额单位：元

项目用途	材料名称　牛奶绒		规格型号　008		计量单位　千克	
	请　领	实　发	单位成本	总成本	备　注	
生产T恤衫	9.6	9.6	180	1 728		
合　计	9.6	9.6		1 728		

主管：　　　　　审核：邓小丽　　　　　领料：赵峰　　　　　发料：张卿

②此联经签收交材料核算员

7.10 日，车间领用洗缩剂和柔顺剂。有关原始凭证见表 9-19、表 9-20。

表9-19　　　　　　　　　　　　　　材料领用单　　　　　　　　　　　编号：005

领用单位：生产车间　　　　　　　　　2017 年 12 月 10 日　　　　　　　金额单位：元

项目用途	材料名称　洗缩剂		规格型号		计量单位　千克	
	请　领	实　发	单位成本	总成本	备　注	
生产低圆领衫	8.8	8.8	50	440		
生产哥弟帽衫	2	2	50	100		
生产全身扭花帽开衫	8	8	50	400		
生产T恤衫	1.2	1.2	50	60		
合　计	20	20		1 000		

主管：　　　　　审核：邓小丽　　　　　领料：赵峰　　　　　发料：张卿

②此联经签收交材料核算员

表9-20　　　　　　　　　　　　　　材料领用单　　　　　　　　　　　编号：006

领用单位：生产车间　　　　　　　　　2017 年 12 月 10 日　　　　　　　金额单位：元

项目用途	材料名称　柔顺剂		规格型号		计量单位　千克	
	请　领	实　发	单位成本	总成本	备　注	
生产低圆领衫	7.92	7.92	80	633.6		
生产哥弟帽衫	1.8	1.8	80	144		
生产全身扭花帽开衫	7.2	7.2	80	576		
生产T恤衫	1.08	1.08	80	86.4		
合　计	18	18	80	1 440		

主管：　　　　　审核：邓小丽　　　　　领料：赵峰　　　　　发料：张卿

②此联经签收交材料核算员

8.10 日，生产车间领用机油一般消耗。有关原始凭证见表 9-21。

表9-21

材料领用单

编号：007

领用单位：生产车间　　　　　2017 年 12 月 10 日　　　　　金额单位：元

项目用途	材料名称 机油		规格型号	计量单位 千克		
	请领	实发	单位成本	总成本	备注	
一般消耗	40	40	7.2	288		
合计	40	40		288		

主管：　　　　审核：邓小丽　　　　领料：赵峰　　　　发料：张狮

②此联经签收交材料核算员

9.11 日，从银行提取现金并发放工资。有关原始凭证见表 9-22、表 9-23。

表9-22

工资结算汇总表

2017 年 11 月 30 日

单位：元

部门			应付工资	代扣工资						实发金额
				养老保险（8%）	失业保险（2%）	医疗保险（2%）	住房公积金（6%）	个人所得税	小计	
行政管理部门			8 330							8 330
生产车间	生产工人	低圆领衫工人	11 440							11 440
		哥弟帽衫工人	4 000							4 000
		全身扭花帽开衫	44 800							44 800
		T恤衫	1 860							1 860
		小计	62 100							62 100
	管理人员		2 490							2490
合计			72 920							72 920

注：在实际工作中，"代扣工资"有金额，在此为简化核算，不作考虑。

表9-23

⊕ 中国工商银行
现金支票存根
10201410
20171201

附加信息＿＿＿＿＿＿＿＿

出票日期 2017 年 12 月 11 日

收款人：富丽羊绒制品厂
金额：￥72 920.00
用途：发放工资

单位主管：　　　会计：

10.11 日，收到职工赵元违反公司纪律罚款 400 元。有关原始凭证见表 9-24。

表 9-24

收　据

2017 年 12 月 11 日　　　　　　　　　　第 18 号

第三联　会计凭证

今收到　赵元

交　来　罚款

人民币合计（大写）　肆佰元整　　　　　　　¥ 400.00

单位印章　　会计主管　高建忠　　　收款人　刘小倩　　　经手人

现金收讫

11.13 日，购买办公用品。有关原始凭证见表 9-25 至表 9-27。

表 9-25　　　　　　　山西增值税普通发票　　　No 08473662

1409856654　　　　　　发　票　联　　　开票日期：2017 年 12 月 13 日

第二联　发票联　购买方记账凭证

购买方	名　　称：富丽羊绒制品厂							
	纳税人识别号：91140105652349836M						密码区	（略）
	地址、电话：和平南路 16 号　8885555							
	开户行及账号：工行和平南路支行 0502126309026404018							

货物或应税劳务、服务名称	规格型号	单位	数量	单价	金　额	税率	税额
32K 笔记本		本	15	10.00	150.00	17%	25.50
碳素笔		支	100	2.77	277.00	17%	47.50
合　计					¥ 427.00		¥ 73.00

价税合计（大写）　⊗伍佰元整　　　　　　　　（小写）¥ 500.00

销售方	名　　称：天龙大厦		
	纳税人识别号：91140103247895421M		备注
	地址、电话：和平南路 285 号 8885557		
	开户行及账号：工行和平南路支行 0502126309037550519		

天龙大厦　91140103247895421M　发票专用章

收款人：吴定伟　　　复核：　　　开票人：张江民　　　销售方（章）

表 9-26

办公用品领用表

2017 年 12 月 13 日　　　　　　　　　　金额单位：元

| 领用车间、部门 | 领发数量 | | 金额 |
	32K 笔记本（本）	碳素笔（支）	
生产车间		46	150.00*
厂部管理部门	15	54	350.00
合计	15	100	500.00

审核：李天乐　　　　　　　　　制表：张行

*为方便计算，本数已进行了取整处理。

表9-27

```
        中国工商银行
    ⬛ 转账支票存根
        10201430
        20171205

    附加信息_____

    出票日期2017年12月13日
    ┌─────────────────────┐
    │收款人：天龙大厦          │
    ├─────────────────────┤
    │金　额：￥500.00        │
    ├─────────────────────┤
    │用　途：购买办公用品      │
    └─────────────────────┘
    单位主管：　　　会计：
```

12.13 日，采购员张峰出差预借差旅费 2 000 元，经审核由出纳员付款。有关原始凭证见表 9-28。

表9-28　　　　　　　**借款单**

借款日期：2017年12月13日　　　　　　第　号

单位或部门	供应科	部门领导指示	同意	借款事由	差旅费
申请借款金额	金额（大写）贰仟元整			￥2 000.00	现金付讫
批准金额	金额（大写）贰仟元整			￥2 000.00	
领导批示	黄俊武	财务主管	高建忠	借款人	张峰

13.14 日，支付电视台广告费 30 000 元。有关原始凭证见表 9-29、表 9-30。

表9-29　　**山西增值税专用发票**　　No 00119855

1401112140　　　　**发票联**　　开票日期：2017 年 12 月 14 日

购买方	名　　称：富丽羊绒制品厂 纳税人识别号：91140105652349836M 地址、电话：和平南路16号　8885555 开户行及账号：工行和平南路支行 0502126309026404018	密码区	（略）	第三联 发票联 购买方记账凭证

货物或应税劳务、服务名称	规格型号	单位	数量	单　价	金　额	税率	税　额
广告费		千克	1	30 000.00	30 000.00	6%	1 800.00
合计					￥30 000.00		￥1 800.00

价税合计（大写）	⊗叁万壹仟捌佰元整		￥31 800.00

销售方	名　　称：太原市五彩广告有限公司 纳税人识别号：91140102665485962M 地址、电话：太原市晋源区87号 开户行及账号：工行太原晋源支行 4100664785009 8756	备注	91140102665485962M 发票专用章

收款人：张可心　　复核：　　　开票人：李红　　销售方（章）

表9-30

```
            中国工商银行
         转账支票存根
            10201430
            20171206
  附加信息_____

  出票日期 2017 年 12 月 14 日
  收款人：太原市五彩广告有限公司
  金　额：¥31 800.00
  用　途：广告费

  单位主管：　　　会计：
```

14.14 日，向晋祠敬老院捐赠银行存款 50 000 元。有关原始凭证见表9-31 至表9-33。

表9-31

```
            中国工商银行
         转账支票存根
            10201430
            20171207
  附加信息_____

  出票日期 2017 年 12 月 14 日
  收款人：晋祠敬老院
  金　额：¥50 000.00
  用　途：捐款

  单位主管：　　　会计：
```

表9-32

接受社会捐赠专用收据

注册号码　财（　）票字第　号　　　　　　　No：00006520

2017 年 12 月 14 日　　　票据类型：
Y　　M　　D　　　数字指纹：

捐赠者 Donor	富丽羊绒制品厂				货币种类 Currency	人民币
捐赠项目 Donation Item	捐款					
项目（捐赠金额或实物） Item（Amount or Material）	单位 unit	规格 specification	数量 quantity	单价 Unit Price	金额 Amount	
现金					50 000.00	
合计人民币（大写） ¥ Amonut（in words）	伍万元整				¥ 50 000.00	

收费单位（盖章）：　　　收款人：李宇　　　开票人：王丽
Receiver（seal）　　　　Payee　　　　　　Drawer

第一联 收据

表9-33

捐赠证明

收到富丽羊绒制品厂的捐赠款人民币伍万元整。

晋祠敬老院
2017.12.14

15.18 日，张峰报销差旅费，退回余款 370 元。有关原始凭证见表 9-34、表 9-35。

表9-34

差旅费报销单

单位：采购部   2017 年 12 月 18 日

姓名				张峰			出差事由			采购			
出发地				到达地				公出补助			车船飞机费	卧铺	宿费	市内车费	邮电费	其他	合计金额

月	日	时	地点	月	日	时	地点	天数	标准	金额	车船飞机费	卧铺	宿费	市内车费	邮电费	其他	合计金额
12	14		太原	12	14		天津					130					130
				12	14		天津	4	30	120			930	200	120		1 370
12	17		天津	12	17		太原					130					130
			合　计							120		260	930	200	120		1 630

合计人民币（大写）：壹仟陆佰叁拾元整   预支 2 000.00   核销 1 630.00   退回 370.00

单位领导：黄俊武   财会主管：高建忠   审核人：

表9-35

收　据

2017 年 12 月 18 日   第 19 号

今收到　张峰

交　来　多余借款（事由：原借款 2 000 元，报销差旅费 1 630 元）

人民币合计（大写）　叁佰柒拾元整   ￥370.00

现金收讫

单位印章   会计主管　高建忠   收款人　刘小倩   经手人

第三联 会计凭证

16. 18 日，归还前欠山纺纺纱厂货款。有关原始凭证见表 9-36。

表 9-36

中国工商银行
转账支票存根
10201430
20171208

附加信息＿＿＿＿＿＿＿＿＿

出票日期 2017 年 12 月 18 日

收款人：**山纺纺纱厂**	
金 额：**￥43 000.00**	
用 途：**购进材料**	

单位主管： 会计：

17. 20 日，产品完工并验收入库。有关原始凭证见表 9-37、表 9-38。

表 9-37 **产成品入库单** 编号：001

交库单位：生产车间 2017 年 12 月 20 日

产品名称	型号规格	单位	交付数量	检验结果		实收数量	金额
				合格	不合格		
低圆领衫		件	300	300		300	
全身扭花帽开衫		件	300	300		300	

车间主任：**李文** 车间送库：**杭天成** 检验：**罗禅** 仓库经收：**李权**

表 9-38 **产成品入库单** 编号：002

交库单位：生产车间 2017 年 12 月 20 日

产品名称	型号规格	单 位	交付数量	检验结果		实收数量	金 额
				合 格	不合格		
哥弟帽衫		件	80	80		80	
T恤衫		件	55	55		55	

车间主任：**李文** 车间送库：**杭天成** 检验：**罗禅** 仓库经收：**李权**

18.22 日，向百大商场销售产品，款项已收到。有关原始凭证见表 9-39 至表 9-41。

表 9-39

山西增值税专用发票

No 00281224

141584733　　　此联不作报销、扣税凭证使用　　开票日期：2017 年 12 月 22 日

购买方	名　　　称：百大商场	密码区	（略）
	纳税人识别号：91349865100029852M		
	地址、电话：迎泽街 67 号　8881357		
	开户行及账号：工行迎泽支行 0502123010022502456		

货物或应税劳务、服务名称	规格型号	单位	数量	单价	金　额	税率	税额
低圆领衫		件	330	280	92 400.00	17%	15 708.00
全身扭花帽开衫		件	350	650	227 500.00	17%	38 675.00
合　计					￥319 900.00		￥54 383.00

价税合计（大写）	⊗叁拾柒万肆仟贰佰捌拾叁元整		（小写）￥374 283.00

销售方	名　　　称：富丽羊绒制品厂	备注	富丽羊绒制品厂 91140105652349836M 发票专用章
	纳税人识别号：91140105652349836M		
	地址、电话：和平南路 16 号　88855555		
	开户行及账号：工行和平南路支行 0502126309026404018		

收款人：刘小倩　　复核：李艳　　　　开票人：李敏　　　　销售方（章）

第一联 记账联 销售方记账凭证

表 9-40

中国工商银行进账单（收账通知） 3

2017 年 12 月 22 日　　　　　　第　号

收款人	全　　称	富丽羊绒制品厂	付款人	全　　称	百大商场
	账　　号	0502126309026404018		账　　号	0502123010022502456
	开户银行	工行和平南路支行		开户银行	工行迎泽支行

人民币（大写）	叁拾柒万肆仟贰佰捌拾叁元整	亿 千 百 十 万 千 百 十 元 角 分 ￥ 3 7 4 2 8 3 0 0

中国工商银行股份有限公司
太原和平南路支行
2017年12月22日
转讫

收款人开户银行签章

票据种类	转账支票	票据张数	1	
票据号码				
	复核		记账	

此联是开户银行交给收款人的收账通知

表9-41

产成品出库单

编号：001

领用单位：销售科　　　　　　　　2017年12月22日

产品名称	规格型号	计量单位	出库数量	备 注
低圆领衫		件	330	
全身扭花帽开衫		件	350	

主管：　　　审核：　　　保管：李权　　　经手人：乔小兵

第三联 交财务科

19.25日，向梅园商场销售产品，款项尚未收到。有关原始凭证见表9-42、表9-43。

表9-42

山西增值税专用发票

№ 00281225

1401583761　　　　此联不作报销 扣税凭证使用　　开票日期：2017年12月25日

购买方	名　　称：梅园商场 纳税人识别号：91124056278999403M 地址、电话：太原市长风街20号 8882468 开户行及账号：工行长风街支行 460-203987564	密码区	（略）

货物或应税劳务、服务名称	规格型号	单位	数 量	单 价	金 额	税率	税 额
哥弟帽衫		件	80	170	13 600.00	17%	2 312.00
T恤衫		件	70	140	9 800.00	17%	1 666.00
合 计					￥23 400.00		￥3 978.00

价税合计（大写）	⊗贰万柒仟叁佰柒拾捌元整	（小写）￥27 378.00

销售方	名　　称：富丽羊绒制品厂 纳税人识别号：91140105652349836M 地址、电话：和平南路16号 8885555 开户行及账号：工行和平南路支行 0502126309026404018	备注	富丽羊绒制品厂 91140105652349836M 发票专用章

收款人：刘小倩　　复核：李艳　　开票人：李敏　　销售方（章）

第一联 记账联 销售方记账凭证

表9-43

产成品出库单

编号：002

领用单位：销售科　　　　　　　　2017年12月25日

产品名称	规格型号	计量单位	出库数量	备 注
哥弟帽衫		件	80	
T恤衫		件	70	

主管：　　　审核：　　　保管：李权　　　经手人：乔小兵

第三联 交财务科

20.28 日，支付水电费。其中，生产车间 3 000 元，行政管理部门 509 元。有关原始凭证见表 9-44 至表 9-47。

表 9-44

山西增值税专用发票　　No 00291145

1401583356　　　　发山票联　　　开票日期：2017 年 12 月 28 日

购买方	名　　称：富丽羊绒制品厂						密码区	（略）		第三联 发票联 购买方记账凭证
	纳税人识别号：91140105652349836M								
	地址、电话：和平南路16号　8885555								
	开户行及账号：工行和平南路支行 0502126309026404018								
货物或应税劳务、服务名称	规格型号	单位	数量	单价	金额	税率	税额		
电力		度	3 302	0.50	1 651.00	17%	280.67		
合　计					￥1 651.00		￥280.67		
价税合计（大写）	⊗壹仟玖佰叁拾壹元陆角柒分				（小写）￥1 931.67				
销售方	名　　称：太原供电局						备注	太原供电局 91140102117001391M 发票专用章	
	纳税人识别号：91140102117001391M								
	地址、电话：大办街54号　8887777								
	开户行及账号：工行大办支行 0502810083747647301								
收款人：袁丽		复核：贾波		开票人：王丽			销售方（章）		

表 9-45

山西增值税专用发票　　No 00290047

1401582278　　　　发票联　　　开票日期：2017 年 12 月 28 日

购买方	名　　称：富丽羊绒制品厂						密码区	（略）		第三联 发票联 购买方记账凭证
	纳税人识别号：91140105652349836M								
	地址、电话：和平南路16号　8885555								
	开户行及账号：工行和平南路支行 0502126309026404018								
货物或应税劳务、服务名称	规格型号	单位	数量	单价	金额	税率	税额		
自来水		立方米	1 858	1.00	1 858.00	3%	55.74		
合　计					￥1 858.00		￥55.74		
价税合计（大写）	⊗壹仟玖佰壹拾叁元柒角肆分				（小写）￥1 913.74				
销售方	名　　称：太原自来水公司						备注	太原自来水公司 91140103011450178M 发票专用章	
	纳税人识别号：91140103011450178M								
	地址、电话：迎泽街12号　8885566								
	开户行及账号：工行迎泽支行 0502102274157 45865								
收款人：袁丽		复核：贾波		开票人：王丽			销售方（章）		

表 9-46

中国工商银行
转账支票存根
10201430
20171209
附加信息_____

出票日期 2017 年 12 月 28 日

收款人：	太原供电局
金　额：	￥1 931.67
用　途：	支付电费

单位主管：　　　会计：

表 9-47

中国工商银行
转账支票存根
10201430
20171210
附加信息_____

出票日期 2017 年 12 月 28 日

收款人：	太原自来水公司
金　额：	￥1 913.74
用　途：	支付电费

单位主管：　　　会计：

21.30 日，产品完工并验收入库。有关原始凭证见表 9-48、表 9-49。

表 9-48　　　　　产成品入库单　　　　编号：003

交库单位：生产车间　　　　2017 年 12 月 30 日

产品名称	型号规格	单位	交付数量	检验结果		实收数量	金额
				合格	不合格		
低圆领衫		件	140	140		140	
全身扭花帽开衫		件	100	100		100	

车间主任：李文　　车间送库：杭天成　　检验：罗禅　　仓库经收：李权

表9-49

产成品入库单

编号：004

交库单位：生产车间

2017年12月30日

产品名称	型号规格	单位	交付数量	检验结果		实收数量	金 额
				合 格	不合格		
哥弟帽衫		件	20	20		20	
T恤衫		件	5	5		5	

车间主任：李义　　　车间送库：杭天成　　　检验：罗禅　　　仓库经收：李权

22.31日，计提当月固定资产折旧费用。有关原始凭证见表9-50。

表9-50

固定资产折旧计算表

2017年12月

金额单位：元

使用单位	原值	年折旧率	本月应计提折旧额
生产车间			5 000
行政管理部门			2 152
合 计			7 152

会计主管：高建忠　　　审核：李艳　　　制表：郑锋

23.31日，分配当月工资。有关凭证见表9-51。

表9-51

工资费用分配表

2017年12月

金额单位：元

应借账户		成本项目	分配标准	分配率	分配金额
生产成本	低圆领衫	直接人工			11 440
	哥弟帽衫	直接人工			4 000
	全身扭花帽开衫	直接人工			44 800
	T恤衫	直接人工			1 860
	合 计				62 100
制造费用		工资			2 490
管理费用		工资			8 330
合 计					72 920

24.31 日，计提当月借款利息。有关原始凭证见表 9-52。

表9-52　　　　　　　　　　**借款利息计提表**

2017 年 12 月　　　　　　　　　　　　　　金额单位：元

金额项目	当月应计提额	已计提额	累计计提额
短期借款利息费用	1 500	0	1 500
合　计	1 500	0	1 500

会计主管：高建忠　　　　审核：李艳　　　　制表：郑锋

25.31 日，分配并结转制造费用。有关原始凭证见表 9-53。

表9-53　　　　　　　　　　**制造费用分配表**

车间：生产车间　　　　　　2017 年 12 月　　　　　　金额单位：元

分配对象 （产品名称）	分配标准 （产品产量）	分配率	分配金额
低圆领衫	440	10.93	4 809.20
哥弟帽衫	100	10.93	1 093.00
全身扭花帽开衫	400	10.93	4 372.00
T恤衫	60	10.93	653.80*
合　计	1 000		10 928

会计主管：高建忠　　　　审核：李艳　　　　制表：郑锋

注：*尾数调整。

26.31 日，本月产品全部完工验收入库，月末无在产品，编制成本计算表，结转完工产品成本。有关原始凭证见表 9-54 至表 9-57。

表9-54　　　　　　　　　　**产品成本计算单**

车间：生产车间　　　　　　　　　　　　　　产量：440件

产品名称：低圆领衫　　　　2017 年 12 月　　　　金额单位：元

成本项目	期初在产品成本	本月发生费用	生产费用合计	完工产品总成本	单位成本	期末在产品成本
直接材料		76 973.60	76 973.60	76 973.60	174.94	
直接人工		11 440.00	11 440.00	11 440.00	26	
制造费用		4 809.20	4 809.20	4 809.20	10.93	
合　计		93 222.80	93 222.80	93 222.80	211.87	

会计主管：高建忠　　　　审核：李艳　　　　制表：郑锋

表 9-55

产品成本计算单

车间：生产车间　　　　　　　　　　　　　　　　　　　　　产量：100 件

产品名称：哥弟帽衫　　　　　　　　2017 年 12 月　　　　　　　金额单位：元

成本项目	期初在产品成本	本月发生费用	生产费用合计	完工产品总成本	单位成本	期末在产品成本
直接材料		3 844	3 844	3 844	38.44	
直接人工		4 000	4 000	4 000	40	
制造费用		1 093	1 093	1 093	10.93	
合　计		8 937	8 937	8 937	89.37	

会计主管：高建忠　　　　　　审核：李艳　　　　　　制表：郑锋

表 9-56

产品成本计算单

车间：生产车间　　　　　　　　　　　　　　　　　　　　　产量：400 件

产品名称：全身扭花帽开衫　　　　　2017 年 12 月　　　　　　金额单位：元

成本项目	期初在产品成本	本月发生费用	生产费用合计	完工产品总成本	单位成本	期末在产品成本
直接材料		135 976	135 976	135 976	339.94	
直接人工		44 800	44 800	44 800	112	
制造费用		4 372	4 372	4 372	10.93	
合　计		185 148	185 148	185 148	462.87	

会计主管：高建忠　　　　　　审核：李艳　　　　　　制表：郑锋

表 9-57

产品成本计算单

车间：生产车间　　　　　　　　　　　　　　　　　　　　　产量：60 件

产品名称：T 恤衫　　　　　　　　　2017 年 12 月　　　　　　　金额单位：元

成本项目	期初在产品成本	本月发生费用	生产费用合计	完工产品总成本	单位成本	期末在产品成本
直接材料		1 874.40	1 874.40	1 874.40	31.24	
直接人工		1 860	1 860	1 860	31	
制造费用		653.80	653.80	653.80	10.90	
合　计		4 388.20	4 388.20	4 388.20	73.14	

会计主管：高建忠　　　　　　审核：李艳　　　　　　制表：郑锋

27. 31 日，结转当月销售成本。有关原始凭证见表 9-58。

表 9-58

产品销售成本计算表

2017 年 12 月　　　　　　　　　　　　　　　　　金额单位：元

产品名称	销售数量（件）	单位生产成本	销售成本总额
低圆领衫	330	212.16	70 012.80
哥弟帽衫	80	89.42	7 153.60
全身扭花帽开衫	350	462.97	162 039.50
T 恤衫	70	73.26	5 128.20
合　计	830		244 334.10

会计主管：高建忠　　　　　　审核：李艳　　　　　　制表：郑锋

28. 31 日，计提坏账准备。有关原始凭证见表 9-59。

表 9-59

账龄分析及坏账估算表

2017 年 12 月 31 日

应收账款账龄	应收账款期末余额（元）	估计坏账率（%）	估计坏账金额（元）
未过信用期	27 378	1	273.78
过期 1 个月		2	
过期 2 个月		3	
过期 3 个月	15 000	5	750
过期 3 个月以上		8	
合　计			1 023.78

29. 31 日，计算当月税金及附加。有关原始凭证见表 9-60。

表 9-60

应交城建税、教育费附加计算表

2017 年 12 月 31 日　　　　　　　　　　　　　　金额单位：元

税目	计税依据	计税金额	税率	应纳税额
城建税	增值税	25 032.65	7%	1 752.29
	小计	25 032.65		1 752.29
教育费附加	增值税	25 032.65	3%	750.98
	小计	25 032.65		750.98

审核：　　　　　　　　　　　　制单：

30.31 日，结转当期损益。

31.31 日，计算并结转本年度所得税（本企业无纳税调整项目）。有关原始凭证见表 9-61。

表9-61

企业所得税计算表

编制单位：　　　　　　　　　　　　2017 年度　　　　　　　　　　金额单位：元

年度利润总额	纳税调整增加额	纳税调整减少额	应纳税所得额	税率	应交所得税额
588 957.85	0	0	588 957.85	25%	147 239.46

审核：　　　　　　　　　　　　　制单：

32. 结转本年度的净利润。

33. 分配当年利润，有关原始凭证见表 9-62、表 9-63。

表9-62

法定盈余公积金计提表

2017 年度　　　　　　　　　　金额单位：元

税前利润总额	所得税费用	计提基数	法定盈余公积金	
			计提比例	计提额

表9-63

应付利润计算表

2017 年度　　　　　　　　　　金额单位：元

上年未分配利润	本年可分配利润	可分配利润合计	分配比例	应付利润总额
应付利润详细情况				
投资者	出资比例		应得利润	

34. 年末，将"利润分配"其他明细账户的余额结转到"利润分配——未分配利润"账户。

三、实训准备

收款凭证8张、付款凭证13张、转账凭证28张；收讫、付讫章及相关人员签章；一本总账账簿或15张三栏式总账账页、三栏式明细账账页3张、数量金额式明细账账页7张、多栏式明细账账页15张、三栏式库存现金和银行存款日记账账页各1张、应交增值税明细账账页2张；账簿启用及交接表和科目索引表；记账凭证封皮1张；试算平衡表、资产负债表、利润表各1张。

四、实训要求

（一）开设有关总分类账户、明细分类账户和库存现金、银行存款日记账，并登记月初余额。

（二）根据实训资料编制收款凭证、付款凭证和转账凭证。

（三）根据会计凭证登记各账簿。

（四）将总账与日记账、明细分类账进行核对。

（五）月末结算各账户。

（六）编制年末资产负债表和12月份利润表。

（七）月末整理、装订本月的会计凭证和活页式明细账。

【实务训练二 银行存款余额调节表的编制】

一、实训目的

通过实务训练使学生明确银行存款的清查方法，掌握未达账项的查找技能和银行存款余额调节表的编制方法，并能正确理解和使用银行存款余额调节表。

二、实训资料

（一）本章"实务训练一"中登记的富丽羊绒制品厂2017年12月份银行存款日记账。

（二）银行对账单见表9-64。

表9-64　　　　　**中国工商银行客户存款对账单**

网点号：1263　　币种：人民币（本位币）　　　　单位：元　　　2017年　　　页号：1

账号：0502126309026404018　　户名：　　　　　上页余额：153 638.00

日期	交易类型	凭证种类	凭证号	对方户名	摘要	借方发生额	贷方发生额	余额	记账信息
2017-12-04	转账			山西高泰石油化工有限公司	购机油	505.44			
2017-12-04	转账			百大商场	收回前欠货款		45 000.00		
2017-12-10	转账			绿色化工厂	购洗缩剂	1 462.50			
2017-12-11	现金				提取现金	72 920.00			
2017-12-14	转账			晋祠敬老院	捐赠	50 000.00			
2017-12-15	转账			天龙大厦	购办公用品	500.00			
2017-12-17	转账			太原电视台	广告费	31 800.00			
2017-12-19	转账			山纺纺纱厂	归还前货款	43 000.00			
2017-12-21	转账			百大商场	销售商品		374 283.00		
2017-12-29	转账				收回销货款		15 000.00		
2017-12-31	转账				支付购货款	4 500.00		383 233.06	

三、实训准备

银行存款余额调节表见表 9-65。

表 9-65

银行存款余额调节表

单位名称：　　　　　　　　　　　　　年　月　日　　　　　　　　　　　单位：元

项　目	金　额	项　目	金　额
单位银行存款日记账的余额		银行对账单的余额	
加：银行已收、单位未收款项 减：银行已付、单位未付款项		加：单位已收、银行未收款项 减：单位已付、银行未付款项	
调节后的存款余额		调节后的存款余额	

四、实训要求

将银行存款日记账和银行对账单进行核对，查找出未达账项，根据未达账项编制银行存款余额调节表；查验本企业银行存款日记账登记是否存在错误；确定企业银行存款实有数。

【实务训练三　科目汇总表的编制】

一、实训目的

通过实务训练使学生掌握科目汇总表的编制方法。

二、实训资料

本章"实务训练一"编制的记账凭证。

三、实训准备

一张科目汇总表。

四、实训要求

根据"实务训练一"编制的记账凭证月末编制科目汇总表。

【实务训练提示】

一、【实务训练一】中应编制的记账凭证（用会计分录代替）

1. 借：银行存款 　　　　　　　　　　　　　　　　100 000
　　　贷：短期借款 　　　　　　　　　　　　　　　　　　　100 000
2. 借：原材料——机油 　　　　　　　　　　　　　　432
　　　应交税费——应交增值税（进项税额）　　　　73.44
　　　贷：银行存款 　　　　　　　　　　　　　　　　　　　505.44
3. 借：银行存款 　　　　　　　　　　　　　　　　45 000
　　　贷：应收账款——百大商场 　　　　　　　　　　　　45 000
4. 借：原材料——山羊绒 A622 　　　　　　　　　67 500
　　　　　　——山羊绒 A001 　　　　　　　　112 500
　　　　　　——牛奶绒 008 　　　　　　　　　1 800
　　　应交税费——应交增值税（进项税额）　　30 906
　　　贷：应付账款——山纺纺纱厂 　　　　　　　　　　212 706

5. 借：原材料——洗缩剂　　　　　　　　　　　　　　　　　1 250

　　　应交税费——应交增值税（进项税额）　　　　　　　212.50

　　　贷：银行存款　　　　　　　　　　　　　　　　　　　　　　　1 462.50

6. 借：生产成本——低圆领衫　　　　　　　　　　　　　　　75 900

　　　　　　——哥弟帽衫　　　　　　　　　　　　　　　　3 600

　　　　　　——全身扭花帽开衫　　　　　　　　　　　　135 000

　　　　　　——T 恤衫　　　　　　　　　　　　　　　　1 728

　　　贷：原材料——山羊绒 A622　　　　　　　　　　　　　　　75 900

　　　　　　——牛奶绒 224　　　　　　　　　　　　　　　　3 600

　　　　　　——山羊绒 A001　　　　　　　　　　　　　　　135 000

　　　　　　——牛奶绒 008　　　　　　　　　　　　　　　　1 728

7. 借：生产成本——低圆领衫　　　　　　　　　　　　　　　1 073.60

　　　　　　——哥弟帽衫　　　　　　　　　　　　　　　　244

　　　　　　——全身扭花帽开衫　　　　　　　　　　　　976

　　　　　　——T 恤衫　　　　　　　　　　　　　　　　146.40

　　　贷：原材料——洗缩剂　　　　　　　　　　　　　　　　　1 000

　　　　　　——柔顺剂　　　　　　　　　　　　　　　　　　1 440

8. 借：制造费用——材料费　　　　　　　　　　　　　　　　288

　　　贷：原材料——机油　　　　　　　　　　　　　　　　　　　288

9. 借：库存现金　　　　　　　　　　　　　　　　　　　　　72 920

　　　贷：银行存款　　　　　　　　　　　　　　　　　　　　　　72 920

借：应付职工薪酬　　　　　　　　　　　　　　　　　　　　72 920

　　贷：库存现金　　　　　　　　　　　　　　　　　　　　　　72 920

10. 借：库存现金　　　　　　　　　　　　　　　　　　　　400

　　　贷：营业外收入　　　　　　　　　　　　　　　　　　　　400

11. 借：制造费用——办公费　　　　　　　　　　　　　　　150

　　　管理费用——办公费　　　　　　　　　　　　　　　　350

　　　贷：银行存款　　　　　　　　　　　　　　　　　　　　　500

12. 借：其他应收款——张峰　　　　　　　　　　　　　　　2 000

　　　贷：库存现金　　　　　　　　　　　　　　　　　　　　　2 000

13. 借：销售费用　　　　　　　　　　　　　　　　　　　　30 000

　　　应交税费——应交增值税（进项税额）　　　　　　　1 800

　　　贷：银行存款　　　　　　　　　　　　　　　　　　　　　31 800

14. 借：营业外支出　　　　　　　　　　　　　　　　　　　50 000

　　　贷：银行存款　　　　　　　　　　　　　　　　　　　　　50 000

15. 借：管理费用——差旅费　　　　　　　　　　　　　　　1 630

　　　贷：其他应收款——张峰　　　　　　　　　　　　　　　1 630

借：库存现金　　　　　　　　　　　　　　　　　　　　　370

　　贷：其他应收款——张峰　　　　　　　　　　　　　　　　370

16. 借：应付账款——山纺纺纱厂　　　　　　　　　　　　43 000
　　　贷：银行存款　　　　　　　　　　　　　　　　　　　　43 000
17. 不编制记账凭证，登记数量金额式的"库存商品"明细账。
18. 借：银行存款　　　　　　　　　　　　　　　　374 283
　　　贷：主营业务收入——低圆领衫　　　　　　　　　　92 400
　　　　　　　　　　　——全身扭花帽开衫　　　　　　227 500
　　　　应交税费——应交增值税（销项税额）　　　　　54 383
同时登记"库存商品"明细账，不结转销售商品成本。
19. 借：应收账款——梅园商场　　　　　　　　　　　27 378
　　　贷：主营业务收入——哥弟帽衫　　　　　　　　　13 600
　　　　　　　　　　　——T恤衫　　　　　　　　　　9 800
　　　　应交税费——应交增值税（销项税额）　　　　　3 978
同时登记"库存商品"明细账，不结转销售商品成本。
20. 借：制造费用——水电费　　　　　　　　　　　　3 000
　　　管理费用——水电费　　　　　　　　　　　　　509
　　　应交税费——应交增值税（进项税额）　　　　336.41
　　　贷：银行存款　　　　　　　　　　　　　　　　　3 845.41
21. 登记"库存商品"明细账，不编制记账凭证。
22. 借：制造费用——折旧费　　　　　　　　　　　　5 000
　　　管理费用——折旧费　　　　　　　　　　　　2 152
　　　贷：累计折旧　　　　　　　　　　　　　　　　　7 152
23. 借：生产成本——低圆领衫　　　　　　　　　　11 440
　　　　　　　——哥弟帽衫　　　　　　　　　　4 000
　　　　　　　——全身扭花帽开衫　　　　　　44 800
　　　　　　　——T恤衫　　　　　　　　　　1 860
　　　制造费用——人工费　　　　　　　　　　　2 490
　　　管理费用——人工费　　　　　　　　　　　8 330
　　　贷：应付职工薪酬　　　　　　　　　　　　　　　72 920
24. 借：财务费用——利息费　　　　　　　　　　　1 500
　　　贷：应付利息　　　　　　　　　　　　　　　　　1 500
25. 借：生产成本——低圆领衫　　　　　　　　　　4 809.20
　　　　　　　——哥弟帽衫　　　　　　　　　　1 093
　　　　　　　——全身扭花帽开衫　　　　　　4 372
　　　　　　　——T恤衫　　　　　　　　　　653.80
　　　贷：制造费用　　　　　　　　　　　　　　　　10 928
26. 借：库存商品——低圆领衫　　　　　　　　　93 222.80
　　　　　　　——哥弟帽衫　　　　　　　　　　8 937
　　　　　　　——全身扭花帽开衫　　　　　185 148
　　　　　　　——T恤衫　　　　　　　　　　4 388.20

　　　贷：生产成本——低圆领衫　　　　　　　　　　　　　　　93 222.80

　　　　　　　——哥弟帽衫　　　　　　　　　　　　　　　　8 937

　　　　　　　——全身扭花帽开衫　　　　　　　　　　　　185 148

　　　　　　　——T 恤衫　　　　　　　　　　　　　　　　4 388.20

27. 借：主营业务成本——低圆领衫　　　70 012.80

　　　　　　　——哥弟帽衫　　　　　　7 153.60

　　　　　　　——全身扭花帽开衫　　　162 039.50

　　　　　　　——T 恤衫　　　　　　　5 128.20

　　　贷：库存商品——低圆领衫　　　　　　　　　　　　　70 012.80

　　　　　　　——哥弟帽衫　　　　　　　　　　　　　　　7 153.60

　　　　　　　——全身扭花帽开衫　　　　　　　　　　　162 039.50

　　　　　　　——T 恤衫　　　　　　　　　　　　　　　5 128.20

28. 借：资产减值损失　　　　　　　　　1 023.78

　　　贷：坏账准备　　　　　　　　　　　　　　　　　　　1 023.78

29. 借：税金及附加——城建税　　　　　1 752.29

　　　　　　　——教育费附加　　　　　750.98

　　　贷：应交税费——应交城建税　　　　　　　　　　　　1 752.29

　　　　　　　——应交教育费附加　　　　　　　　　　　　750.98

30. 借：主营业务收入　　　　　　　　343 300

　　　营业外收入　　　　　　　　　　400

　　　贷：本年利润　　　　　　　　　　　　　　　　　　343 700

借：本年利润　　　　　　　　　　　343 332.15

　　贷：主营业务成本　　　　　　　　　　　　　　　　244 334.10

　　　税金及附加　　　　　　　　　　　　　　　　　　2 503.27

　　　管理费用　　　　　　　　　　　　　　　　　　　12 971

　　　财务费用　　　　　　　　　　　　　　　　　　　1 500

　　　销售费用　　　　　　　　　　　　　　　　　　　30 000

　　　资产减值损失　　　　　　　　　　　　　　　　　1 023.78

　　　营业外支出　　　　　　　　　　　　　　　　　　50 000

31. 借：所得税费用　　　　　　　　　147 239.46

　　　贷：应交税费——应交所得税　　　　　　　　　　　147 239.46

借：本年利润　　　　　　　　　　　147 239.46

　　贷：所得税费用　　　　　　　　　　　　　　　　　147 239.46

32. 借：本年利润　　　　　　　　　　441 718.39

　　　贷：利润分配——未分配利润　　　　　　　　　　　441 718.39

33. 借：利润分配——提取法定盈余公积　　　44 171.84

　　　　　　　——应付股利　　　　　　132 515.52

　　　贷：盈余公积——法定盈余公积　　　　　　　　　　44 171.84

　　　　应付股利　　　　　　　　　　　　　　　　　　132 515.52

34. 借：利润分配——未分配利润　　　　　　　　　　　　176 687.36

　　贷：利润分配——提取法定盈余公积　　　　　　　　　　44 171.84

　　　　　　　　——应付股利　　　　　　　　　　　　　132 515.52

二、【实务训练一】中的试算平衡表和会计报表（见表9-66至表9-68）

表9-66　　　　　　　　　　试算平衡表

2017 年 12 月 31 日　　　　　　　　　　　　　单位：元

账户名称	期初余额		本期发生额		期末余额	
	借 方	贷 方	借 方	贷 方	借 方	贷 方
库存现金	2 243.00		73 690.00	74 920.00	1 013.00	
银行存款	153 638.00		519 283.00	204 033.35	468 887.65	
应收账款	60 000.00		27 378.00	45 000.00	42 378.00	
坏账准备				1 023.78		1 023.78
其他应收款			2 000.00	2 000.00		
原材料	54 950.00		183 482.00	218 956.00	19 476.00	
库存商品	49 817.70		291 696.00	244 334.10	97 179.60	
固定资产	2 900 000.00				2 900 000.00	
累计折旧		885 005.00		7 152.00		892 157.00
短期借款		54 000.00		100 000.00		154 000.00
应付账款		55 860.00	43 000.00	212 706.00		225 566.00
应付职工薪酬			72 920.00	72 920.00		
应交税费			33 328.35	208 103.73		174 775.38
应付利息				1 500.00		1 500.00
应付股利				132 515.52		132 515.52
实收资本		1 500 000.00				1 500 000.00
盈余公积		116 193.70		44 171.84		160 365.54
本年利润		587 590.00	931 290.00	343 700.00		
利润分配		22 000.00	353 374.72	618 405.75		287 031.03
生产成本			291 696.00	291 696.00		
制造费用			10 928.00	10 928.00		
主营业务收入			343 300.00	343 300.00		
主营业务成本			244 334.10	244 334.10		
税金及附加			2 503.27	2 503.27		
销售费用			30 000.00	30 000.00		
管理费用			12 971.00	12 971.00		
财务费用			1 500.00	1 500.00		
资产减值损失			1 023.78	1 023.78		
营业外收入			400.00	400.00		
营业外支出			50 000.00	50 000.00		
所得税费用			147 239.46	147 239.46		
合　计	3 220 648.70	3 220 648.70	3 667 337.68	3 667 337.68	3 528 934.25	3 528 934.25

表 9-67

资产负债表

会企 01 表

编制单位：富丽羊绒制品厂

2017 年 12 月 31 日

单位：元

资产	期末余额	年初余额（略）	负债和所有者权益（或股东权益）	期末余额	年初余额（略）
流动资产：			流动负债：		
货币资金	469 900.65		短期借款	154 000.00	
以公允价值计量且其变动计入当期损益的金融资产			以公允价值计量且其变动计入当期损益的金融负债		
应收票据			应付票据		
应收账款	41 354.22		应付账款	225 566.00	
预付款项			预收款项		
应收利息			应付职工薪酬		
应收股利			应交税费	174 775.38	
其他应收款			应付利息	1 500.00	
存货	116 655.60		应付股利	132 515.52	
持有待售资产			其他应付款		
一年内到期的非流动资产			持有待售负债		
其他流动资产			一年内到期的非流动负债		
流动资产合计	627 910.47		其他流动负债		
非流动资产：			流动负债合计	688 356.90	
可供出售金融资产			非流动负债：		
持有至到期投资			长期借款		
长期应收款			应付债券		
长期股权投资			长期应付款		
投资性房地产			专项应付款		
固定资产	2 007 843.00		预计负债		
在建工程			递延所得税负债		
工程物资			其他非流动负债		
固定资产清理			非流动负债合计		
生产性生物资产			负债合计	688 356.90	
油气资产			所有者权益（或股东权益）：		
无形资产			实收资本（或股本）	1 500 000.00	
开发支出			资本公积		
商誉			减：库存股		
长期待摊费用			盈余公积	160 365.54	
递延所得税资产			未分配利润	287 031.03	
其他非流动资产			所有者权益(或股东权益)合计	1 947 396.57	
非流动资产合计	2 007 843.00				
资产总计	2 635 753.47		负债和所有者权益（或股东权益）总计	2 635 753.47	

表 9-68

利润表

编制单位：富丽羊绒制品厂　　　　　2017 年 12 月　　　　　　　　　　　单位：元

项目	本期金额	上期金额（略）
一、营业收入	343 300.00	
减：营业成本	244 334.10	
税金及附加	2 503.27	
销售费用	30 000.00	
管理费用	12 971.00	
财务费用	1 500.00	
资产减值损失	1 023.78	
加：公允价值变动收益（损失以"－"号填列）	0	
投资收益（损失以"－"号填列）	0	
其中：对联营企业和合营企业的投资收益	0	
资产处置收益（损失以"－"号填例）	0	
其他收益	0	
二、营业利润（亏损以"－"号填列）	50 967.85	
加：营业外收入	400.00	
减：营业外支出	50 000.00	
三、利润总额（亏损总额以"－"号填列）	1 367.85	
减：所得税费用	（略）	
四、净利润（净亏损以"－"号填列）	（略）	
五、其他综合收益的税后净额	（略）	
（一）以后不能重分类进损益的其他综合收益		
（二）以后将重分类进损益的其他综合收益		
六、综合收益总额	（略）	
七、每股收益	（略）	
（一）基本每股收益		
（二）稀释每股收益		

三、【实务训练二】参考答案（见表 9-69）

表 9-69　　　　　　　　银行存款余额调节表

单位名称：富丽羊绒制品厂　　　　　2017 年 12 月 31 日　　　　　　　　单位：元

项目	金额	项目	金额
单位银行存款日记账的余额	368 887.65	银行对账单的余额	383 233.06
加：银行已收、单位未收款项	15 000.00	加：单位已收、银行未收款项	0
减：银行已付、单位未付款项	4 500.00	减：单位已付、银行未付款项	3 845.41
调节后的存款余额	379 387.65	调节后的存款余额	379 387.65

四、【实务训练三】中编制的科目汇总表（见表9-70）

表9-70

科目汇总表

2017 年12 月

编号：1

单位：元

会计科目	总账页数	本期发生额		记账凭证起止号
		借 方	贷 方	
库存现金		73 690.00	74 920.00	
银行存款		519 283.00	204 033.35	
应收账款		27 378.00	45 000.00	
坏账准备			1 023.78	
其他应收款		2 000.00	2 000.00	
原材料		183 482.00	218 956.00	
库存商品		291 696.00	244 334.10	
累计折旧			7 152.00	
短期借款			100 000.00	
应付账款		43 000	212 706.00	
应付职工薪酬		72 920.00	72 920.00	
应交税费		33 328.35	208 103.73	
应付利息			1 500.00	
应付股利			132 515.52	
盈余公积			44 171.84	
本年利润		931 290.00	343 700.00	（略）
利润分配		353 374.72	618 405.75	
生产成本		291 696.00	291 696.00	
制造费用		10 928.00	10 928.00	
主营业务收入		343 300.00	343 300.00	
营业外收入		400.00	400.00	
主营业务成本		244 334.10	244 334.10	
税金及附加		2 503.27	2 503.27	
销售费用		30 000.00	30 000.00	
管理费用		12 971.00	12 971.00	
财务费用		1 500.00	1 500.00	
资产减值损失		1 023.78	1 023.78	
营业外支出		50 000.00	50 000.00	
所得税费用		147 239.46	147 239.46	
合 计		3 667 337.68	3 667 337.68	

第10章

财务会计报告

一、重点

1. 财务会计报告的构成

财务会计报告是指企业对外提供的反映企业某一特定日期的财务状况和某一会计期间的经营成果、现金流量等会计信息的文件。财务会计报告包括会计报表及其附注和其他应当在财务会计报告中披露的相关信息和资料。企业对外报送的会计报表至少应当包括资产负债表、利润表、现金流量表等报表。

2. 资产负债表的作用、结构及编制

资产负债表是指反映企业在某一特定日期（月末、季末、半年末、年末）的财务状况的会计报表。该表能够提供企业在某一特定日期资产、负债和所有者权益的全貌，有助于分析、评价并预测企业的资本结构及偿债能力。此外，通过资产负债表和利润表有关项目的结合分析，有助于评价、预测企业的获利能力和发展前景。资产负债表的结构通常包括表头和表身两部分。资产负债表属于静态报表，是以"资产=负债+所有者权益"这一会计等式为基本原理，根据有关账户的年初、期末余额填列的。

3. 利润表的作用、结构及编制

利润表是指反映企业在一定会计期间（一般指一个会计月度、季度或一个会计年度）的经营成果的会计报表。通过利润表反映的收入、成本与费用，能够反映企业经营的业绩和管理者的经营能力；通过利润表与资产负债表的综合分析，可以评价企业的获利能力，预测企业的经营前途及利润增减趋势。这些都为报表的使用者在评估投资价值、考核管理工作、掌握信用价值等经济决策中提供了重要的财务信息。利润表一般由表头和表身两部分组成。利润表属于动态报表，是以"收入-费用=利润"这一会计等式为基本原理，根据损益类账户发生额合计数直接填列的。

二、难点

1.资产负债表的一般编制方法

资产负债表"期末余额"栏内各项金额的填列方法可归纳为以下五种：

（1）根据总账账户的余额直接填列，如短期借款、应付职工薪酬、实收资本等。

（2）根据若干个总账账户的余额计算填列，如货币资金、存货、未分配利润等。

（3）根据若干个明细账户余额分析填列，如应收账款、应付账款、预收款项、预付款项等。

（4）根据总账账户和明细账户余额分析计算填列，如长期应收款、长期借款等。

（5）根据有关资产类账户与备抵账户相减后的净额填列，如固定资产、无形资产、长期股权投资等。

2.利润表的一般编制方法

利润表中"本期金额"栏内各项数字一般应根据损益类账户的发生额分析填列，"上期金额"栏内各项数字，应根据上年该期利润表"本期金额"栏内所列数字填列。如果上年该期利润表规定的各个项目的名称和内容同本期不一致，应对上年该期利润表各个项目的名称和数字按本期的规定进行调整，填入利润表"上期金额"栏内。

【练习题】

一、名词解释

1.财务会计报告   2.资产负债表   3.利润表   4.现金流量表   5.所有者权益变动表

二、单项选择题

1.我国企业资产负债表的格式采用（   ）。

A.账户式   B.报告式   C.单步式   D.多步式

2.资产负债表是反映企业一定日期财务状况的（   ）。

A.动态报表   B.静态报表

C.动态与静态相结合报表   D.内部报表

3.在下列各项财务报表中，属于反映企业经营成果的对外报表的是（   ）。

A.资产负债表   B.利润表

C.所有者权益变动表   D.现金流量表

4.财务报表项目中的数字的直接来源是（   ）。

A.原始凭证   B.记账凭证   C.日记账   D.账簿记录

5.资产负债表的项目，按（   ）的类别，采用左右相平衡对照的结构。

A.资产、负债和所有者权益

B.收入、费用和利润

C.资产、负债、所有者权益、收入、费用、利润

D.资金来源、资金运用

6.设置账户、复式记账与编制财务报表的理论基础是（   ）。

A.会计要素   B.会计恒等式

C.会计核算的原则　　　　　　　　　　　　D.会计核算的前提条件

7.资产负债表中资产的排列依据是（　　　　）。

A.项目收益性　　　B.项目重要性　　　　C.项目流动性　　　D.项目时间性

8.下列资产负债表项目，可直接根据有关总账余额填列的是（　　　　）。

A.货币资金　　　　B.实收资本　　　　C.未分配利润　　　D.应收账款

9.在资产负债表中，资产按照其流动性排列时，下列排列方法正确的是（　　　　）。

A.货币资金　应收账款　存货　无形资产

B.应收账款　存货　无形资产　货币资金

C.无形资产　货币资金　应收账款　存货

D.存货　无形资产　货币资金　应收账款

10.下列各项，属于资产负债表中"流动负债"项目的是（　　　　）。

A.长期借款　　　　B.应付债券　　　　C.应付股利　　　　D.长期应付款

11.下列各项，不应作为资产负债表中的资产列报的是（　　　　）。

A.委托加工物资　　　　　　　　　　　　B.受托代销商品

C.融资租入固定资产　　　　　　　　　　D.经营租入固定资产

12.下列项目中，属于资产负债表中"非流动负债"项目的是（　　　　）。

A.一年内到期的非流动负债　　　　　　　B.其他应付款

C.应付股利　　　　　　　　　　　　　　D.应付债券

13.下列资产负债表项目中，应根据多个总账账户余额计算填列的是（　　　　）。

A.预收款项　　　　B.应付账款　　　　C.货币资金　　　　D.盈余公积

14.下列利润表项目中，主要根据科目的贷方发生额分析填列的是（　　　　）。

A.营业收入　　　　B.税金及附加　　　C.销售费用　　　　D.管理费用

15.编制多步式利润表的第一步应（　　　　）。

A.以营业收入为基础，计算营业利润　　　B.以营业收入为基础，计算利润总额

C.以营业利润为基础，计算利润总额　　　D.以利润总额为基础，计算净利润

16.下列项目，符合现金流量表中现金概念的是（　　　　）。

A.企业存在银行一年的定期存款

B.企业销售商品收到的为期一个月的商业汇票

C.不能随时用于支付的存款

D.从购入日起开始计算三个月内到期的国债

17.资产负债表可以反映某一（　　　　）的财务状况。

A.月份　　　　　　B.季度　　　　　　C.半年　　　　　　D.年末

18.利润表根据（　　　　）账户发生额合计数填列。

A.资产类　　　　　B.负债类　　　　　C.所有者权益类　　D.损益类

19.利润表可以反映某一（　　　　）的经营成果。

A.月末　　　　　　B.季度　　　　　　C.半年末　　　　　D.年末

20.所有者权益变动表是反映（　　　　）的报表。

A.财务状况当期增减变动情况　　　　　　B.经营成果当期增减变动情况

C.现金当期增减变动情况　　　　　　　　D.所有者权益各组成部分当期增减变动情况

三、多项选择题

1. 会计报表的编制要求是（　　）。

A. 数字真实　　　　　　　B. 计算准确　　　　　　　C. 内容完整

D. 报送及时　　　　　　　E. 相关可比

2. 财务报表的使用者有（　　）。

A. 投资者　　　　　　　　B. 债权人　　　　　　　　C. 国家经济管理机关

D. 企业内部管理人员　　　E. 企业职工

3. 财务报表按反映的经济内容分类，有（　　）。

A. 资产负债表　　　　　　B. 利润表　　　　　　　　C. 现金流量表

D. 财务情况说明书　　　　E. 所有者权益变动表

4. 按财务报表编报的单位分，有（　　）。

A. 个别财务报表　　　　　B. 合并财务报表　　　　　C. 汇总报表

D. 内部报表　　　　　　　E. 外部报表

5. 反映企业经营成果及现金流量的报表有（　　）。

A. 资产负债表　　　　　　B. 利润表　　　　　　　　C. 现金流量表

D. 成本费用明细表　　　　E. 所有者权益变动表

6. 企业对外报送的财务报表包括（　　）。

A. 资产负债表　　　　　　B. 利润表　　　　　　　　C. 现金流量表

D. 所有者权益变动表　　　E. 成本报表

7. 会计报表按编制时间分类，可分为（　　）。

A. 月度报表　　　　　　　B. 季度报表　　　　　　　C. 年度报表

D. 固定报表　　　　　　　E. 永久报表

8. 财务报告至少应当包括（　　）。

A. 资产负债表、利润表　　B. 现金流量表　　　　　　C. 所有者权益变动表

D. 会计报表附注　　　　　E. 利润分配表

9. 可以根据总账账户期末余额直接填列的资产负债表项目有（　　）。

A. 应付职工薪酬　　　　　B. 实收资本　　　　　　　C. 固定资产清理

D. 货币资金　　　　　　　E. 固定资产

10. 利润表中的"营业收入"项目应根据（　　）科目的本期发生额计算填列。

A. 主营业务收入　　　　　B. 投资收益　　　　　　　C. 其他业务收入

D. 营业外收入　　　　　　E. 公允价值变动收益

11. 下列选项中，不属于资产负债表项目的是（　　）。

A. 库存现金　　　　　　　　　　　　　B. 待处理财产损溢

C. 利润分配——未分配利润　　　　　　D. 投资收益

E. 营业成本

12. 下列各项中，可以通过资产负债表反映的有（　　）。

A. 某一时点的财务状况　　　　　　　　B. 某一时点的偿债能力

C. 某一期间的经营成果　　　　　　　　D. 某一期间的获利能力

E. 某一期间的现金变动原因

13. 资产负债表的数据来源，包括可以（　　　）。

A. 直接根据总账账户的余额获得　　　　B. 根据明细账账户的余额分析获得

C. 根据几个总账账户的余额合计获得　　D. 根据有关账户的余额分析获得

E. 根据有关备查账簿分析获得

14. 下列资产负债表各项目中，属于流动负债的有（　　　）。

A. 预收款项　　　　　　　　　　　　　B. 其他应付款

C. 预付款项　　　　　　　　　　　　　D. 一年内到期的非流动负债

E. 应付债券

15. 按现行会计制度规定，下列各项中，属于非流动资产的有（　　　）。

A. 工程物资　　　　　　B. 原材料　　　　　　　C. 商誉

D. 在建工程　　　　　　E. 交易性金融资产

16. 下列各项，影响当期利润表中利润总额的有（　　　）。

A. 销售费用　　　　　　B. 所得税费用　　　　　C. 营业外支出

D. 管理费用　　　　　　E. 投资收益

17. 现金等价物的特征是（　　　）。

A. 流动性强　　　　　　　　　　　　　B. 期限短

C. 易于转换为已知金额的现金　　　　　D. 价值变动风险很小

E. 等同现金

18. 资产负债表的表头部分提供了报表的（　　　）。

A. 报表的名称　　　　　B. 编报企业的名称　　　C. 报表所反映的日期

D. 金额单位及币种　　　E. 报表编号

19. 我国资产负债表中各项目列示（　　　）。

A. 年初余额　　　　　　　　　　　　　B. 本期借方发生额

C. 本期贷方发生额　　　　　　　　　　D. 期末余额

20. 现金流量表正表包括（　　　）。

A. 经营活动产生的现金流量　　　　　　B. 投资活动产生的现金流量

C. 筹资活动产生的现金流量　　　　　　D. 不涉及现金收支的重大投资和筹资活动

四、判断题

1. 资产负债表是反映企业某一特定时期财务状况的会计报表。　　　　　　　　　（　　　）

2. 利润表反映了一个综合的经营成果信息，管理当局如果要把握企业具体经营成果的变化，如收入、成本、费用与利润之间的关系，就需要到会计账簿中去了解。　　（　　　）

3. 会计报表是财务报告的有机组成部分。　　　　　　　　　　　　　　　　　　（　　　）

4. 会计报表必须依据工作底稿编制。　　　　　　　　　　　　　　　　　　　　（　　　）

5. 为了保证会计报表的及时性，可以提前结账。　　　　　　　　　　　　　　　（　　　）

6. 期末编制会计报表的依据是总分类账和明细分类账。　　　　　　　　　　　　（　　　）

7. 财务会计报告就是会计报表。　　　　　　　　　　　　　　　　　　　　　　（　　　）

8. 企业必须对外提供资产负债表、利润表、现金流量表和所有者权益变动表，但财务

报表附注不属于企业必须对外提供的资料。　　　　　　　　　　　（　　）

　　9. 财务报表提供的信息仅对外部的投资者和债权人有用。　　　　　（　　）

　　10. 向不同的会计资料使用者提供的财务会计报告，其编制依据应当一致。（　　）

　　11. 资产负债表和现金流量表属于静态会计报表，利润表属于动态会计报表。（　　）

　　12. 资产负债表有报告式和账户式两种格式。　　　　　　　　　　（　　）

　　13. 企业利润表的结构是单步式利润表。　　　　　　　　　　　　（　　）

　　14. 现金各项目之间、现金与非现金各项目之间的增减变动，均会影响到企业现金流量净额的变动。　　　　　　　　　　　　　　　　　　　（　　）

　　15. 现金流量表的编制基础是权责发生制。　　　　　　　　　　　（　　）

五、思考题

　　1. 什么是财务会计报告？财务会计报告由哪些内容构成？其作用是什么？

　　2. 编制财务报表的要求有哪些？

　　3. 编制资产负债表的作用是什么？

　　4. 编制利润表的作用是什么？

　　5. 编制现金流量表的作用是什么？

第11章

会计工作组织

【重点与难点】

一、重点

1. 会计机构的设置

会计机构是各单位内部组织领导和直接从事会计工作的职能部门。建立和健全会计机构是保证会计工作顺利进行的重要条件。设置会计机构应以会计业务需要为基本前提，一般而言，一个单位是否单独设置会计机构，往往取决于：①单位规模的大小；②经济业务和财务收支的繁简；③经营管理的要求。不设置会计机构的应当配备会计人员。

2. 会计职业道德内容

会计职业道德内容主要包括：爱岗敬业、诚实守信、廉洁自律、客观公正、坚持准则、提高技能、参与管理和强化服务。

3. 会计法规的基本内容

会计法规是我国经济法规制度的一个重要组成部分，它是国家和地方立法机关以及中央、地方各级政府和行政部门制定、颁布的有关会计方面的法律、法规、准则和制度的总称。我国会计法规体系包括三个层次的内容：①会计法律，即《中华人民共和国会计法》，是指全国人民代表大会及其常委会经过一定立法程序制定的有关会计工作的法律。它是调整我国经济生活中会计关系的法律规范。②会计行政法规，是指由国务院制定并发布，或者国务院有关部门拟定并经过国务院批准发布，调整经济生活中某些方面会计关系的法律规范。③会计规章，是指由主管全国会计工作的行政部门——财政部就会计工作中某些方面内容所制定的规范性文件。

4. 会计工作交接的一般程序

会计人员在办理移交手续前必须及时办理完毕未了的会计事项，同时，编制移交清册，按照移交清册逐项移交。移交清册由交接双方以及单位各执一份，以供备查。在办理会计工作交接手续时，要有专人负责监交，以保证交接工作的顺利进行。对于会计人员临时离职或者因病暂时不能工作，需要有人接替或者代理工作的，也应当按照《会计基础工作规范》的规定办理交接手续，同样，临时离职或者因病暂时离岗的会计人员恢复工作的，也要与临时接替或者代理人员办理交接手续，目的是保持会计工作的连续和分清责任。

5. 会计档案管理内容

会计档案是指单位在进行会计核算等过程中接收或形成的，记录和反映单位经济业务事项的，具有保存价值的文字、图表等各种形式的会计资料，包括通过计算机等电子设备形成、传输和存储的电子会计档案。会计档案包括会计凭证类、会计账簿类、财务会计报告类和其他类，单位可以利用计算机、网络通信等信息技术手段管理会计档案。各单位每年形成的会计档案，应当由会计机构按照归档要求，负责整理立卷、装订成册，编制会计档案保管清册。各种会计档案的保管期限，根据其特点，分为永久和定期两类。各单位保存的会计档案一般不得借出，如有特殊需要，可以提供查阅或者复制，但必须办理一定的手续。单位应当定期对已到保管期限的会计档案进行鉴定，并形成会计档案鉴定意见书。经鉴定，仍需继续保存的会计档案，应当重新划定保管期限；对保管期满，确无保存价值的会计档案，可以销毁。销毁时必须严格执行会计档案保管的规定，任何人都不得随意销毁。

二、难点

会计工作交接的一般程序。

【练习题】

一、名词解释

1. 会计工作组织　2. 会计机构　3. 总会计师　4. 会计法律　5. 会计行政法规　6. 会计规章　7. 会计职业道德　8. 会计工作交接　9. 会计档案　10. 会计电算化

二、单项选择题

1. 会计机构中保管会计档案的人员，不得由（　　）兼任。

A. 单位负责人　　　　B. 会计机构负责人　　C. 出纳人员　　　　　　D. 会计主管人员

2. 各种会计档案的保管期限，从（　　）终了后的第一天算起。

A. 会计月份　　　　　B. 会计季度　　　　　　C. 会计年度　　　　　　D. 会计结账

3. 外部人员查阅会计档案的，应持有单位正式介绍信，经（　　）批准后，方可办理查阅手续。

A. 会计人员　　　　　B. 会计机构负责人　　C. 本单位负责人　　　　D. 会计主管人员

4. 企业会计工作中，由（　　）进行集中核算。

A. 企业的会计部门　　　　　　　　　　B. 企业内部的各职能部门

C. 上级主管部门　　　　　　　　　　　D. 会计师事务所

5. 企业年度会计报表的保管期限为（　　）。

A. 5年　　　　　　　　B. 15年　　　　　　　　C. 25年　　　　　　　　D. 永久

6. 季度财务会计报告的保管期限为（　　）。

A. 3年　　　　　　　　B. 5年　　　　　　　　　C. 10年　　　　　　　　D. 15年

7. （　　）是指在国家机关、社会团体、企事业单位和其他组织中从事财务、出纳、会计核算、会计分析等财务会计工作的人员。

A.审计人员　　　　　B.会计人员　　　　　C.工作人员　　　　　D.税务人员

8.（　　）是指单位在进行会计核算等过程中接收或形成的，记录和反映单位经济业务事项的，具有保存价值的文字、图表等各种形式的会计资料。

A.会计工作　　　　　B.会计档案　　　　　C.会计资料　　　　　D.会计人员

9.讲求实效是指组织会计工作时，不拘泥于形式，在（　　）的前提下，应讲求实效，尽可能节约人力、财力、和物力。

A.保证会计工作质量　　　　　　　　B.完成会计任务

C.监督会计工作质量　　　　　　　　D.改善会计工作质量

10.完整的（　　）是会计工作正常、有效进行的必要保证。

A.会计工作组织机构　　　　　　　　B.审计工作组织机构

C.行政工作组织机构　　　　　　　　D.必要的工作组织机构

11.会计法规包括（　　）。

A.会计法、会计制度、会计准则

B.会计法、会计准则、会计制度和有关其他法规

C.会计法、会计制度、会计准则和公司法

D.会计法、会计准则、会计制度和税法

12.会计人员专业技术职称主要包括（　　）。

A.高级会计师、总会计师、会计师和助理会计师

B.总会计师、高级会计师、注册会计师

C.高级会计师、会计师、助理会计师

D.注册会计师、高级会计师、会计师、会计员

13.企业财务机构的具体名称一般视（　　）而定。

A.企业的行业特性　　　　　　　　B.企业的规模大小

C.企业的组织形式　　　　　　　　D.企业对财会工作的重视程度

14.现行制度规定，应永久保存的会计档案是（　　）。

A.年度会计报表　　　　　　　　B.季度、月度会计报表

C.会计凭证　　　　　　　　D.会计账簿

15.采用集中核算，整个企业的会计工作主要集中在（　　）进行。

A.企业的会计部门　　　　　　　　B.企业内部的各职能部门

C.上级主管部门　　　　　　　　D.会计师事务所

16.企业单位记账凭证和汇总凭证的保管年限是（　　）。

A.3年　　　　　B.15年　　　　　C.30年　　　　　D.永久

17.下列属于会计执业资格的是（　　）。

A.会计师　　　　　B.注册会计师　　　　　C.会计员　　　　　D.总会计师

18.企业单位库存现金日记账和银行存款日记账的保管期限是（　　）。

A.3年　　　　　B.5年　　　　　C.15年　　　　　D.30年

三、多项选择题

1.下列属于会计档案的内容的有（　　）。

A.原始凭证　　　　　　　B.总分类账　　　　　　　C.资产负债表

D.会计档案保管清册　　　E.记账凭证

2.应当在会计档案销毁清册上签名的有（　　）。

A.单位负责人　　　　　　B.会计管理机构负责人　　C.档案管理机构负责人

D.档案管理机构经办人　　E.会计管理机构经办人

3.按我国有关法规规定，会计工作岗位可以（　　）。

A.一人一岗　　B.一人多岗　　C.一岗多人　　D.多岗多人　　E.无人设岗

4.总会计师（　　）。

A.是单位领导成员

B.全面负责本单位的财务会计管理和经济核算

C.参与本单位的重大经营决策

D.是我国所有公司都必须设置的岗位

E.是单位行政群体的成员之一

5.下列关于会计档案保管期限的说法，正确的有（　　）。

A.会计凭证类要保管30年　　　　　　B.会计账簿类要保管30年

C.财务报告类要保管30年　　　　　　D.其他都要永久保管

E.会计档案的保管期限都是定期保管

6.下列关于会计档案的销毁的说法，正确的有（　　）。

A.需要销毁的会计档案应当编制会计档案销毁清册

B.单位负责人应在会计档案销毁清册上签署意见

C.销毁时，应由单位档案机构和会计机构共同派员监销

D.销毁后，监销人要在销毁清册上签名盖章

E.正在项目建设期间的建设单位，其保管期满的会计档案不得销毁

7.中华人民共和国财政部、国家档案局在2017年12月11日联合修订了《会计档案管理办法》，明文规定了会计档案的（　　）等内容。

A.立卷　　　B.归档　　　C.保管　　　D.调阅　　　E.销毁

8.会计档案包括（　　）等会计资料。

A.会计凭证　　　　　　　B.会计账簿　　　　　　　C.财务报告

D.核算形式　　　　　　　E.其他会计核算资料

9.会计工作的组织形式主要包括（　　）。

A.集中核算组织形式　　　　　　　　B.非集中核算组织形式

C.直接核算组织形式　　　　　　　　D.间接核算组织形式

E.独立核算组织形式

10.会计工作组织的内容包括（　　）。

A.会计机构的设置　　　　　　　　　B.会计人员的配备

C.会计规范的制定与执行　　　　　　D.会计档案的保管

E.会计人员的培训

11.会计法规定会计人员的主要职责包括（　　）。

A.会计核算　　　　　　　B.会计监督　　　　　　　C.经营决策

D. 保管会计资料　　　　　　E. 商业谈判

12. 下列关于总会计师的表述，正确的有（　　）。

A. 它是一个专业技术资格

B. 它是一个行政职务

C. 它是一个会计职称

D. 它必须是会计师以上专业技术资格的人员担任

E. 总会计师直接对单位主要行政领导人负责

13. 一般会计人员办理交接手续，由（　　）负责监交。

A. 会计主管人员　　　　　　B. 单位领导人　　　　　　C. 上级主管部门派人

D. 单位的会计机构负责人　　E. 记账人员

14. 会计法规包括（　　）。

A. 会计法　　　　　　　B. 会计准则　　　　　　C. 会计制度

D. 其他有关法规　　　　E. 企业财经制度

15. 下列不属于会计执业资格的有（　　）。

A. 会计师　　B. 注册会计师　　C. 会计员　　D. 总会计师　　E. 高级会计师

16. 在会计档案销毁中，单独抽出立卷的会计档案应当在(　　)中注明。

A. 会计档案保管清册　　　　　　B. 会计档案销毁清册

C. 会计档案移交清册　　　　　　D. 会计档案保管清册和会计档案销毁清册之一

四、判断题

1. 预算、计划、制度等文件材料属于会计档案。　　　　　　　　　　（　　）

2. 要求所有的经济组织都要设置财务部门。　　　　　　　　　　　　（　　）

3. 企业会计工作机构对经济业务的会计处理结果只对企业负责。　　　（　　）

4. 会计人员是指那些记账、算账、报账的人员，企业出纳员不是会计人员。（　　）

5. 会计人员的权限是按照企业负责人的要求记好账，正确计算企业的经营成果。

（　　）

6. 收、付、转记账凭证的档案保管时间为 10 年。　　　　　　　　　（　　）

7. 所有的会计档案，无论是记账凭证还是账册都有规定的保管时间，到了保管时间会计人员就可以公开地销毁。　　　　　　　　　　　　　　　　　（　　）

8. 会计工作岗位责任制要求一人一岗，以符合内部控制制度的要求。　（　　）

9. 会计人员专业技术职称分为以下几种：总会计师、高级会计师、注册会计师、会计师、助理会计师和会计员。　　　　　　　　　　　　　　　　　　　（　　）

10. 为了便于查阅历史证据，各种会计资料应永久保存。　　　　　　（　　）

11. 《会计法》是我国会计法规体系中最高层次的法律规范。　　　　　（　　）

12. 无论企业规模大小都必须设置总会计师。　　　　　　　　　　　（　　）

13. 会计人员工作调动或者因故离职，必须将本人所经管的会计工作全部移交给接替人员，没有办清交接手续不得调动或者离职。　　　　　　　　　　（　　）

14. 在办理会计工作交接手续时，要有专人负责监交，以保证交接工作的顺利进行。

（　　）

15. 会计人员只要遵循会计职业道德，会计工作就不会出现任何问题。　　　（　　）

16. 对于会计人员临时离职或者因病暂时不能工作，需要有人接替或者代理工作的，可以不办理交接手续。　　　（　　）

17. 会计电算化的核心部分是功能完善的会计软件资源。　　　（　　）

五、思考题

1. 会计工作的组织管理包括哪些内容？

2. 正确组织管理会计工作应遵循哪些原则？

3. 《会计法》对会计机构的设置是怎样规定的？

4. 会计职业道德主要包括哪些内容？

5. 我国会计法规体系主要由哪几部分组成？

6. 简述会计工作的交接程序。

7. 简述会计档案的销毁手续和程序。

8. 会计档案管理的具体要求有哪些内容？

9. 什么是会计电算化？其特点是什么？

10. 简述会计电算化工作的基本任务。

基础会计综合模拟试题

一、单项选择题（下列每小题的备选答案中，只有一个符合题意的正确答案。本类题共20分，每小题1分。多选、错选、不选均不得分）

1.下列项目中，属于账证核对内容的是（　　）。

A.会计账簿与记账凭证核对　　　　　　B.总分类账簿与所属明细分类账簿核对

C.原始凭证与记账凭证核对　　　　　　D.银行存款日记账与银行对账单核对

2.填制原始凭证时，不符合书写要求的是（　　）。

A.阿拉伯金额数字前面应当书写货币币种符号

B.币种符号与阿拉伯金额数字之间不得留有空白

C.金额数字一律填写到角、分，无角、分的，写"00"或符号"－"

D.有角无分的，分位写"0"或符号"－"

3.企业所有者权益在数量上等于（　　）。

A.企业流动负债减去非流动负债后的差额

B.企业流动资产减去流动负债后的差额

C.企业全部资产减去全部负债后的差额

D.企业非流动负债减去流动负债后的差额

4.下列各项中，工业企业应通过"主营业务成本"科目核算的是（　　）。

A.出售商品的成本　　　　　　B.销售材料的成本

C.出租包装物的成本　　　　　　D.以经营租赁方式出租设备计提的折旧额

5.下列关于财务会计报告的表述，正确的是（　　）。

A.资产负债表中确认的资产都是企业所拥有的资产

B.实际工作中，为使会计报表及时报送，企业可以提前结账

C.季度、月度财务报告通常仅指会计报表，会计报表至少应当包括资产负债表和利润表

D.财务会计报告只包括会计报表及会计报表附注

6.汇总记账凭证账务处理程序适用于（　　）。

A.规模较大、经济业务较多的企业　　　　B.规模较小、经济业务不多的企业

C.规模较大、经济业务不多的企业　　　　D.规模较小、经济业务较多的企业

7.应收账款账户的期初余额为借方 5 000 元，本期借方发生额 15 000 元，本期贷方发生额 7 000 元，该账户的期末余额为（   ）元。

A.借方 13 000　　　　B.贷方 5 000　　　　C.贷方 13 000　　　　D.借方 5 000

8.下列原始凭证中，属于外来原始凭证的有（   ）。

A.销售提货单　　　B.发出材料汇总表　　C.购货发票　　　　D.领料单

9.下列选项中，能够通过试算平衡查找的有（   ）。

A.重记经济业务　　　C.漏记经济业务　　　C.借贷方向相反　　　D.借贷金额不等

10.下列各项中，作为在一定时期内连续记录若干项同类经济业务的自制原始凭证的是（   ）。

A.一次凭证　　　　B.累计凭证　　　　C.汇总凭证　　　　D.原始凭证汇总表

11.下列各项中，应通过"其他应付款"科目核算的是（   ）。

A.应付现金股利　　　　　　　　B.应付管理人员工资

C.应付包装物租金　　　　　　　D.应付购入材料款

12.企业用现金支付办公用品费780元，会计人员编制的付款凭证为借记管理费用870元，贷记库存现金870元，并登记入账。对当年发生的该项记账错误应采用的更正方法是（   ）。

A.红字更正法　　　　　　　　　B.重编正确的付款凭证

C.划线更正法　　　　　　　　　D.补充登记法

13.必须逐日结出余额的账簿是（   ）。

A.库存现金总账　　B.银行存款总账　　C.库存现金日记账　　D.应收账款总账

14.下列关于预付账款的表述，错误的是（   ）。

A.预付账款是企业按照合同规定预付的货款

B.企业预付货款后有权要求对方按照合同规定发货

C.预付账款是支付给对方的购货款项，属于负债

D.不设置"预付账款"账户的，也可以通过"应付账款"账户核算

15.固定资产交付使用后发生的长期借款利息支出，应记入（   ）账户核算。

A."销售费用"　　　B."财务费用"　　　C."在建工程"　　　D."固定资产"

16.下列关于会计核算具体内容的表述中，不正确的是（   ）。

A.款项和有价证券的收付　　　　B.财物的收发、增减和使用

C.债权债务的发生和结算　　　　D.债权是收付款项的权利

17.采用永续盘存制，平时对财产物资账簿的登记方法应该是（   ）。

A.只登记增加，不登记减少　　　B.只登记增加，随时倒挤算出减少

C.只登记增加，月末倒挤算出减少　　D.既登记增加，又登记减少

18.下列经济业务中，影响会计等式总额发生变化的是（   ）。

A.以银行存款 50 000 元购买材料　　B.结转完工产品成本 40 000 元

C.购买机器设备 20 000 元货款未付　　D.收回客户所欠的货款 30 000 元

19.根据《会计档案管理办法》，企业库存现金日记账和银行存款日记账的保管年限为（   ）。

A.10 年　　　　　B.15 年　　　　　C.30 年　　　　　D.永久

20.甲公司是一家小规模企业，选用记账凭证账务处理程序记账，工作流程涉及如下环节：①根据原始凭证或原始凭证汇总表填制记账凭证；②根据原始凭证或原始凭证汇总表、记账凭证登记明细账；③根据明细账和总分类账编制会计报表；④根据收款凭证、付款凭证登记库存现金日记账和银行存款日记账；⑤根据记账凭证登记总分类账。下列流程中，正确的是（　　　）。

A.①②③④⑤　　　　B.①④②⑤③　　　　C.①⑤③④②　　　　D.⑤③④①②

二、多项选择题（下列每小题的备选答案中，有两个或两个以上符合题意的正确答案。本类题共 30 分，每小题 2 分。多选、少选、错选、不选均不得分）

1.下列各项中，属于所有者权益的有（　　　）。

A.长期股权投资　　　B.实收资本　　　　C.资本公积　　　　　D.未分配利润

2.甲企业月末编制的试算平衡表借方余额合计为 150 000 元，贷方余额合计为 180 000元。经检查后发现，漏记了一个账户（　　　）。

A.余额为借方余额　　B.余额为贷方余额　　C.余额为 15 000 元　　D.余额为 30 000 元

3.下列说法中，错误的有（　　　）。

A.企业不能编制多借多贷的会计分录

B.从某一会计分录看，借方账户与贷方账户互为对应账户

C.通过试算平衡，若全部账户的借贷方金额相等，则账户记录是正确的

D.从某个企业看，全部借方账户与全部贷方账户互为对应账户

4.应通过"应付账款"账户借方核算的经济业务有（　　　）。

A.开出商业汇票抵付应付账款　　　　　B.支付赔款

C.冲销无法支付的应付账款　　　　　　D.支付租金

5.下列属于对账内容的有（　　　）。

A.明细账与总账核对　　　　　　　　　B.库存商品账和实物核对

C.往来账与业务合同核对　　　　　　　D.记账凭证与原始凭证核对

6.下列关于企业对外提供的财务报表的表述中，正确的有（　　　）。

A.年末应当提供资产负债表、利润及利润分配表、现金流量表、所有者权益变动表和附注

B.年末应当提供资产负债表、利润表、现金流量表、所有者权益变动表和附注

C.中期末至少应当提供资产负债表、利润表、现金流量表、所有者权益变动表和附注，但报表格式和内容比年报简化

D.中期末至少应当提供资产负债表、利润表，报表格式和内容与年报一致

7.下列关于会计账簿的更换和保管，正确的有（　　　）。

A.总账、日记账和多数明细账每年更换一次

B.变动较小的明细账可以连续使用，不必每年更换

C.备查账不可以连续使用

D.会计账簿由本单位财务会计部门保管半年后，交由本单位档案管理部门保管

8.下列表述中，正确的有（　　　）。

A.对各项财产物资的增减数都需根据有关凭证逐笔或逐日登记有关账簿并随时结出账面余额的方法称为永续盘存制

B.永续盘存制与实地盘存制都是确定各项实物资产账面结存数量的方法

C.只有在永续盘存制下才可能出现财产的盘盈、盘亏现象

D.只有在实地盘存制下才可能出现财产的盘盈、盘亏现象

9.应在"固定资产清理"账户借方登记的有（　　　）。

A.转入清理的固定资产净值　　　　　　B.结转的清理固定资产净收益

C.结转的清理固定资产净损失　　　　　D.发生的清理费用

10.下列应通过"应收账款"来核算的有（　　　）。

A.销售商品获得的债权　　　　　　　　B.提供劳务获得的债权

C.代职工垫付的水电费　　　　　　　　D.代收的电话费

11.期间费用包括（　　　）。

A.管理费用　　　　　B.财务费用　　　　　C.制造费用　　　　　D.销售费用

12.下列关于汇总记账凭证编制的表述中，正确的有（　　　）。

A.汇总收款凭证，应分别按"库存现金""银行存款"账户的借方设置，并按其对应的贷方账户归类汇总

B.汇总付款凭证，应分别按"库存现金""银行存款"账户的贷方设置，并按其对应的借方账户归类汇总

C.汇总收款凭证，应分别按"库存现金""银行存款"账户的贷方设置，并按其对应的借方账户归类汇总

D.汇总付款凭证，应分别按"库存现金""银行存款"账户的借方设置，并按其对应的贷方账户归类汇总

13.采用三栏式明细账的有（　　　）。

A.应付账款明细账　　　　　　　　　　B.应收账款明细账

C.原材料明细账　　　　　　　　　　　D.管理费用明细账

14.在科目汇总表账务处理程序下，应设置（　　　）。

A.库存现金日记账和银行存款日记账　　B.科目汇总表

C.总分类账　　　　　　　　　　　　　D.汇总收款凭证

15.企业根据职工提供服务的受益对象进行职工薪酬分配时，下列表述中，正确的有（　　　）。

A.属于产品生产人员的，应记入"生产成本"科目

B.属于车间管理人员的，应记入"制造费用"科目

C.属于销售人员的，应记入"销售费用"科目

D.属于财务人员的，应记入"财务费用"科目

三、判断题（在每小题后面的括号内填入判断结果，你认为正确的用"√"表示，错误的用"×"表示。判断正确的得1分，判断错误、不判断不得分也不扣分。每小题1分，共10分）

1.谨慎性要求，凡是不属于当期的收入和费用，即使款项已在当期收付，也不应当作为当期的收入和费用。　　　　　　　　　　　　　　　　　　　　　　　　（　　　）

2.对不真实、不合法的原始凭证，会计人员有权不予接受，对记载不准确、不完整的原始凭证，会计人员有权要求其重填。　　　　　　　　　　　　　　　　　　（　　）

3.会计的最基本职能就是会计监督。　　　　　　　　　　　　　　　　　　（　　）

4.资产负债表、利润表、所有者权益变动表和现金流量表属于向企业外部提供会计信息的报表。　　　　　　　　　　　　　　　　　　　　　　　　　　　　　　（　　）

5.根据总账与明细账的平行登记要求，每项经济业务必须在同一期间登记明细账和总账。　　　　　　　　　　　　　　　　　　　　　　　　　　　　　　　　　（　　）

6.在持续经营前提下，会计主体在可预见的将来不会破产清算。　　　　　　（　　）

7.技术推算法用于量大成堆而价值又不高、难以逐一清点数量的财产物资的清查。
　　　　　　　　　　　　　　　　　　　　　　　　　　　　　　　　　　（　　）

8.会计科目是对会计对象具体内容进行分类的项目，在会计科目中可以登记发生的经济业务。　　　　　　　　　　　　　　　　　　　　　　　　　　　　　　　（　　）

9.管理费用的发生额会直接影响到当期产品成本和当期利润总额。　　　　　（　　）

10.如果其他单位有特殊原因确实需要使用企业的原始凭证时，可以提供原件。（　　）

四、计算分析题（本题包括2大题，共40分）

1.根据某企业12月份发生的下列经济业务，采用借贷记账法编制会计分录。

（1）年末财产清查时，盘亏材料3 500元，原因待查。

（2）安装大型设备领用材料5 000元，耗用人工3 000元。

（3）年末财产清查时，盘盈设备一台，重置价值为60 000元，七成新，批准处理。

（4）以银行存款交纳产品销售税金4 000元、所得税1 500元。

（5）经查明，盘亏材料1 000元系因仓库保管员管理不善造成，应向其索赔；其余部分列入企业管理费用。

（6）应收光明公司货款12 000元，因该公司撤销经批准予以转销。

（7）以银行存款15 000元向东风公司预付购买材料货款。

（8）收到中广公司预付购买B产品货款45 000元，已存入银行。

（9）月末，结转产品销售收入377 000元、营业外收入10 000元。

（10）月末，结转产品销售成本280 000元、销售费用1 500元、销售税金6 000元、管理费用14 000元、财务费用800元、营业外支出1200元。

（11）企业1—11月累计实现利润总额（无税前扣除项目）4 500 000元，累计已缴纳所得税1 485 000元。按25%的税率计算本月应交所得税。

（12）按全年实现净利润3 077 625元的10%提取盈余公积。

（13）用全年实现净利润的20%向投资者分配。

（14）结转全年实现的净利润。

2.根据某企业7月份发生的下列经济业务，请按权责发生制和收付实现制记账基础分别计算该企业本月的收入和费用，并在下表中的有关项目内填列。资料如下：

（1）销售产品60 000元，货款存入银行。

（2）销售产品15 000元，货款尚未收到。

（3）预付7至12月份保险费12 000元。

（4）本月应计提短期借款利息3 200元。

（5）收回上月销货款 18 000元。

（6）预收销货款 8 200元，2个月后交货。

业务号	权责发生制		收付实现制	
	收入(元)	费用(元)	收入(元)	费用(元)
（1）				
（2）				
（3）				
（4）				
（5）				
（6）				
合　计				

附录1

各章练习题参考答案

第1章　　总　论

一、名词解释（略）

二、单项选择题

1.D　2.B　3.A　4.B　5.C　6.D　7.D　8.B　9.C　10.D　11.B　12.B　13.A　14.C　15.C

三、多项选择题

1.ABCDE　2.AE　3.ABCD　4.AC　5.AD　6.ABCDE　7.ABD　8.ABC　9.BC　10.ABCDE

四、判断题

1.×　2.×　3.×　4.√　5.√　6.×　7.×　8.√　9.×　10.×　11.√　12.√　13.×　14.√　15.×

五、思考题（略）

第2章　　会计要素和会计等式

一、名词解释（略）

二、单项选择题

1.A　2.B　3.B　4.D　5.B　6.A　7.C　8.A　9.D　10.D　11.C　12.B　13.C　14.B　15.C　16.B
17.B　18.A　19.A　20.A

三、多项选择题

1.ACD　2.ACD　3.ABC　4.BCD　5.ABC　6.AB　7.ABC　8.ABCDE　9.AD　10.ACD　11.ABCD
12.ABCE　13.ABC　14.ADE　15.ABD　16.ABDE　17.ACD　18.ABCE　19.AC　20.ABCDE

四、判断题

1.×　2.√　3.×　4.×　5.×　6.×　7.×　8.√　9.√　10.√　11.×　12.×　13.√　14.×　15.×　16.×
17.×　18.×　19.×　20.√

五、思考题（略）

六.技能题

1.

项　目	会计要素
（1）营业外收入	A.资产
（2）实收资本	B.负债
（3）应收账款	C.所有者权益
（4）预收账款	D.收入
（5）管理费用	E.费用
（6）其他业务收入	F.利润

2.①～⑨为资产；⑩～⑪为负债；⑫～⑮为所有者权益。

3.

资产和权益变动情况表

2017 年 7 月　　　　　　　　　　　　　　　　　单位：元

业务序号	涉及的资产、权益项目	资产		负债和所有者权益	
		增加金额	减少金额	增加金额	减少金额
①	银行存款	30 000			
	应收账款		30 000		
②	固定资产	100 000			
	银行存款		100 000		
③	库存现金	1 000 000			
	实收资本			1 000 000	
④	库存现金	30 000			
	银行存款		30 000		
⑤	短期借款				16 000
	银行存款		16 000		
⑥	应付账款				180 000
	银行存款		180 000		
⑦	银行存款	6 000			
	库存现金		6 000		
⑧	原材料	150 000			
	应付账款			150 000	
⑨	应付职工薪酬				20 000
	库存现金		20 000		
⑩	银行存款	30 000			
	短期借款				50 000
	应收账款		80 000		
合　计		1 346 000	462 000	1 150 000	266 000

资产净增加额＝1 346 000－462 000＝884 000（元）

负债和所有者权益净增加额＝1 150 000－266 000＝884 000（元）

资产净增加额等于负债和所有者权益净增加额。

4.（1）

资产和权益平衡表

2017 年 8 月 31 日　　　　　　　　　　　　　　　单位：元

资　产	金　额	负债和所有者权益	金　额
库存现金	800	短期借款	150 000
银行存款	210 000	应付账款	29 800
应收账款	110 000	应交税费	5 000
原材料	32 000	实收资本	1 000 000
生产成本	260 000	本年利润	120 000
库存商品	39 000		
其他应收款	3 000		
固定资产	650 000		
合　计	1 304 800	合　计	1 304 800

（2）

资产和权益增减变化平衡表

2017 年 9 月 30 日　　　　　　　　　　　　　　　　　　　　　　单位：元

资产	增减前金额	增加	减少	增减后金额	负债和所有者权益	增减前金额	增加	减少	增减后金额
库存现金	800	5 000	5 000	800	短期借款	150 000	100 000	150 000	100 000
银行存款	210 000	108 000	197 800	120 200	应付账款	29 800	8 000	37 800	0
应收账款	110 000	0	8 000	102 000	应交税费	5 000	0	5 000	0
原材料	32 000	8 000	16 000	24 000	实收资本	1 000 000	35 000	0	1 035 000
生产成本	260 000	16 000	0	276 000	本年利润	120 000	0	0	120 000
库存商品	39 000	0	0	39 000					
其他应收款	3 000	5 000	0	8 000					
固定资产	650 000	35 000	0	685 000					
合计	1 304 800	177 000	226 800	1 255 000	合计	1 304 800	143 000	192 800	1 255 000

第3章　会计科目和账户

一、名词解释（略）

二、单项选择题

1.D　2.A　3.A　4.B　5.C　6.B　7.C　8.A　9.A　10.D　11.A　12.D　13.C　14.D　15.C

三、多项选择题

1.ABCDE　2.AC　3.AB　4.ABCD　5.ABCD　6.ABCD　7.BCDE　8.AD　9.ABCDE　10.ABC

11.BC　12.ACD　13.BD　14.ABC　15.ABCD

四、判断题

1.×　2.×　3.×　4.×　5.√　6.×　7.×　8.×　9.×　10.×　11.√　12.√　13.√　14.×　15.√

五、思考题（略）

六、技能题

1.

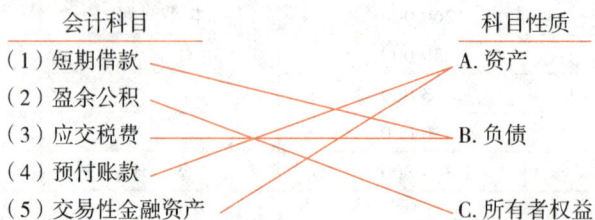

会计科目	科目性质
（1）短期借款	A. 资产
（2）盈余公积	
（3）应交税费	B. 负债
（4）预付账款	
（5）交易性金融资产	C. 所有者权益

2.

经济内容与会计科目对应表

序号	经济内容	应属科目性质	应属会计科目
1	厂部办公大楼	资产类	固定资产
2	库存各种原材料	资产类	原材料
3	机器设备、汽车	资产类	固定资产
4	库存现金	资产类	库存现金
5	偿还期为半年的银行借款	负债类	短期借款
6	库存完工待售产品	资产类	库存商品
7	存入开户银行的款项	资产类	银行存款
8	车间厂房	资产类	固定资产
9	企业职工借支的款项	资产类	其他应收款
10	应收购货单位货款	资产类	应收账款
11	应付供应单位货款	负债类	应付账款
12	向购货单位预收的销货款	负债类	预收账款
13	向供应单位预付的购料款	资产类	预付账款
14	收到的国家投入的资本金	所有者权益类	实收资本
15	尚在车间生产的产品发生的费用	成本类	生产成本
16	车间组织管理产品生产发生的费用	成本类	制造费用
17	企业行政管理部门发生的费用	损益类	管理费用
18	短期借款利息费用	损益类	财务费用
19	销售商品发生的广告等费用	损益类	销售费用
20	预收的包装物押金	负债类	其他应付款
21	预付的包装物押金	资产类	其他应收款
22	应收的保险赔款	资产类	其他应收款
23	应付职工工资	负债类	应付职工薪酬
24	应交纳的各种税金	负债类	应交税费
25	销售商品实现的收入	损益类	主营业务收入
26	销售商品负担的税金	损益类	税金及附加
27	已售商品原来的生产成本	损益类	主营业务成本
28	本年已实现的净利润	所有者权益类	本年利润
29	已分配利润	所有者权益类	利润分配
30	应付给投资者的利润	负债类	应付利润
31	企业拥有的专利权、商标权	资产类	无形资产
32	从税后利润中提留的公共积累	所有者权益类	盈余公积

第4章	复式记账

一、名词解释（略）

二、单项选择题

1.A　2.A　3.D　4.C　5.C　6.D　7.A　8.C　9.D　10.A　11.A　12.B　13.B　14.B　15.B　16.C

17.B　18.D　19.B　20.D　21.A　22.D　23.C　24.C　25.D

三、多项选择题

1.ABCD　2.BCDE　3.BDE　4.ABC　5.ABC　6.ABC　7.AD　8.ABCDE　9.BC　10.ABDE

四、判断题

1.×　2.×　3.×　4.√　5.√　6.√　7.×　8.√　9.√　10.√

五、思考题（略）

六、技能题

1.

账户金额变动表

单位：元

账户名称	期初余额		本期发生额		期末余额	
	借方	贷方	借方	贷方	借方	贷方
银行存款					2 300 000	
短期借款			300 000			
固定资产	700 000					
管理费用				80 000		
盈余公积						1 000 000
本年利润				90 000		
主营业务收入			15 000 000			
应交税费						120 000
生产成本	700 000					
预收账款					5 000	

2.（1）从银行提取现金5 000元。

借：库存现金　　　　　　　　　　　　　　　　　　　　　　　　5 000
　贷：银行存款　　　　　　　　　　　　　　　　　　　　　　　　　5 000

（2）购进材料8 000元，款项尚未支付。

借：原材料　　　　　　　　　　　　　　　　　　　　　　　　　8 000
　贷：应付账款　　　　　　　　　　　　　　　　　　　　　　　　　8 000

（3）以银行存款10 000元购进一项固定资产。

借：固定资产　　　　　　　　　　　　　　　　　　　　　　　　10 000
　贷：银行存款　　　　　　　　　　　　　　　　　　　　　　　　　10 000

（4）以银行存款偿还应付账款1 000元。

借：应付账款　　　　　　　　　　　　　　　　　　　　　　　　1 000
　贷：银行存款　　　　　　　　　　　　　　　　　　　　　　　　　1 000

（5）职工预借差旅费1 000元。

借：其他应收款　　　　　　　　　　　　　　　　　　　　　　　1 000
　贷：库存现金　　　　　　　　　　　　　　　　　　　　　　　　　1 000

（6）收回应收账款 8 000 元存入银行。

借：银行存款　　　　　　　　　　　　　　　　　　　　　　　　　　8 000
　　贷：应收账款　　　　　　　　　　　　　　　　　　　　　　　　　　8 000

（7）以银行存款购入材料 1 000 元。

借：原材料　　　　　　　　　　　　　　　　　　　　　　　　　　　1 000
　　贷：银行存款　　　　　　　　　　　　　　　　　　　　　　　　　　1 000

（8）以银行存款偿还短期借款 20 000 元。

借：短期借款　　　　　　　　　　　　　　　　　　　　　　　　　20 000
　　贷：银行存款　　　　　　　　　　　　　　　　　　　　　　　　　20 000

3.（1）略。

（2）会计分录：

①借：固定资产　　　　　　　　　　　　　　　　　　　　　　　　80 000
　　　贷：实收资本　　　　　　　　　　　　　　　　　　　　　　　　80 000

②借：应付账款　　　　　　　　　　　　　　　　　　　　　　　100 000
　　　贷：银行存款　　　　　　　　　　　　　　　　　　　　　　　100 000

③借：银行存款　　　　　　　　　　　　　　　　　　　　　　　　80 000
　　　贷：应收账款　　　　　　　　　　　　　　　　　　　　　　　　80 000

④借：应付账款　　　　　　　　　　　　　　　　　　　　　　　　20 000
　　　贷：短期借款　　　　　　　　　　　　　　　　　　　　　　　　20 000

⑤借：原材料　　　　　　　　　　　　　　　　　　　　　　　　150 000
　　　贷：应付账款　　　　　　　　　　　　　　　　　　　　　　　150 000

⑥借：应付账款　　　　　　　　　　　　　　　　　　　　　　　120 000
　　　贷：银行存款　　　　　　　　　　　　　　　　　　　　　　　120 000

⑦借：其他应收款　　　　　　　　　　　　　　　　　　　　　　　　500
　　　贷：库存现金　　　　　　　　　　　　　　　　　　　　　　　　　500

⑧借：生产成本　　　　　　　　　　　　　　　　　　　　　　　　25 000
　　　贷：原材料　　　　　　　　　　　　　　　　　　　　　　　　　25 000

（3）略。

（4）编制成本平衡表：

试算平衡表

单位：元

账户名称	期初余额		本期发生额		期末余额	
	借方	贷方	借方	贷方	借方	贷方
库存现金	1 000			500	500	
银行存款	250 000		80 000	220 000	110 000	
应收账款	100 000			80 000	20 000	
其他应收款	0		500		500	
原材料	75 000		150 000	25 000	200 000	
固定资产	450 000		80 000		530 000	
生产成本	65 000		25 000		90 000	
短期借款		200 000		20 000		220 000
应付账款		141 000	240 000	150 000		51 000
实收资本		600 000		80 000		680 000
合计	941 000	941 000	575 500	575 500	951 000	951 000

第 5 章　借贷记账法的应用

一、名词解释（略）

二、单项选择题

1.C　2.D　3.D　4.A　5.C　6.B　7.A　8.B　9.C　10.A　11.B　12.C　13.B　14.C　15.B　16.C　17.B　18.C　19.A

三、多项选择题

1.ABE　2.AC　3.ABD　4.ABE　5.ABCE　6.BCDE　7.CDE　8.ABCE　9.ABDE　10.BCD　11.AD　12.CD　13.AB　14.ABCDE

四、判断题

1.√　2.×　3.×　4.×　5.×　6.×　7.×　8.√　9.√　10.×　11.×　12.×　13.×　14.×　15.×

五、技能题

1. 借：银行存款　　　　　　　　　　　　　　　　　140 000
　　贷：实收资本　　　　　　　　　　　　　　　　　　　　140 000

2. 借：固定资产　　　　　　　　　　　　　　　　　80 000
　　贷：实收资本　　　　　　　　　　　　　　　　　　　　80 000

3. 借：银行存款　　　　　　　　　　　　　　　　　250 000
　　贷：短期借款　　　　　　　　　　　　　　　　　　　　250 000

4. 借：短期借款　　　　　　　　　　　　　　　　　30 000
　　贷：银行存款　　　　　　　　　　　　　　　　　　　　30 000

5. 借：原材料——甲材料　　　　　　　　　　　　　70 000
　　　　　——乙材料　　　　　　　　　　　　　33 600
　　　　　——丙材料　　　　　　　　　　　　　11 200
　　　应交税费——应交增值税（进项税额）　　　19 516
　　贷：应付账款——森达工厂　　　　　　　　　　　　　　134 316

6. 借：原材料——甲材料　　　　　　　　　　　　　650
　　　　　——乙材料　　　　　　　　　　　　　390
　　　　　——丙材料　　　　　　　　　　　　　260
　　　应交税费——应交增值税（进项税额）　　　110
　　贷：银行存款　　　　　　　　　　　　　　　　　　　1 110
　　　库存现金　　　　　　　　　　　　　　　　　　　　300

7. 借：预付账款——森达工厂　　　　　　　　　　　90 000
　　贷：银行存款　　　　　　　　　　　　　　　　　　　　90 000

8. 借：原材料——甲材料　　　　　　　　　　　　　70 000
　　　应交税费——应交增值税（进项税额）　　　11 900
　　　银行存款　　　　　　　　　　　　　　　　　8 100
　　贷：预付账款——森达工厂　　　　　　　　　　　　　　90 000

9. 借：管理费用——差旅费　　　　　　　　　　　　3 000
　　　库存现金　　　　　　　　　　　　　　　　　300
　　贷：其他应收款——赵进　　　　　　　　　　　　　　　3 300

10. 借：生产成本——A 产品　　　　　　　　　　　102 000
　　　　　　——B 产品　　　　　　　　　　　93 200

```
    借：制造费用                                           5 240
        管理费用                                           1 960
        贷：原材料——甲材料                                       102 000
                ——乙材料                                    80 000
                ——丙材料                                    20 400
11. 借：制造费用                                           1 500
        贷：库存现金                                            1 500
12. 借：库存现金                                         128 000
        贷：银行存款                                          128 000
    借：应付职工薪酬                                       128 000
        贷：库存现金                                          128 000
13. 借：制造费用                                           2 600
        管理费用                                             800
        应交税费——应交增值税（进项税额）                      374
        贷：银行存款                                            3 774
14. 借：应收账款——华雄工厂                               187 200
        贷：主营业务收入                                      160 000
            应交税费——应交增值税（销项税额）                 27 200
15. 借：银行存款                                          84 240
        贷：主营业务收入                                       72 000
            应交税费——应交增值税（销项税额）                 12 240
16. 借：销售费用                                           1 100
        贷：库存现金                                            1 100
17. 借：交易性金融资产——乙公司股票                      5 200 000
        投资收益                                           50 000
        贷：银行存款                                          5 250 000
    借：银行存款                                         5 800 000
        贷：交易性金融资产——乙公司股票                       5 200 000
            投资收益                                        600 000
18. 借：固定资产清理                                     3 400 000
        累计折旧                                          600 000
        贷：固定资产                                          4 000 000
    借：固定资产清理                                       20 000
        贷：银行存款                                           20 000
    借：银行存款                                         3 700 000
        贷：固定资产清理                                      3 700 000
    借：固定资产清理                                       280 000
        贷：资产处置损益                                       280 000
19. 借：银行存款                                           5 850
        贷：其他业务收入——甲材料                                5 000
            应交税费——应交增值税（销项税额）                    850
    借：其他业务成本                                        3 500
        贷：原材料——甲材料                                     3 500
```

20. 借：预付账款——星星公司　　　　　　　　　　　　　　　　80 000
　　　贷：银行存款　　　　　　　　　　　　　　　　　　　　　　　　80 000
21. 借：生产成本——A 产品　　　　　　　　　　　　　　　　　48 600
　　　　　　　　——B 产品　　　　　　　　　　　　　　　　　32 400
　　　制造费用　　　　　　　　　　　　　　　　　　　　　　15 000
　　　管理费用　　　　　　　　　　　　　　　　　　　　　　32 000
　　　贷：应付职工薪酬　　　　　　　　　　　　　　　　　　　　128 000
22. 借：制造费用　　　　　　　　　　　　　　　　　　　　　　4 000
　　　管理费用　　　　　　　　　　　　　　　　　　　　　　2 000
　　　贷：累计折旧　　　　　　　　　　　　　　　　　　　　　　　6 000
23. 借：生产成本——A 产品　　　　　　　　　　　　　　　　　17 004
　　　　　　　　——B 产品　　　　　　　　　　　　　　　　　11 336
　　　贷：制造费用　　　　　　　　　　　　　　　　　　　　　　28 340
24. 借：库存商品——A 产品　　　　　　　　　　　　　　　　167 604
　　　贷：生产成本——A 产品　　　　　　　　　　　　　　　　　167 604
25. 借：主营业务成本　　　　　　　　　　　　　　　　　　　136 000
　　　贷：库存商品　　　　　　　　　　　　　　　　　　　　　　136 000
26. 借：税金及附加　　　　　　　　　　　　　　　　　　　　　839
　　　贷：应交税费——应交城建税　　　　　　　　　　　　　　587.30
　　　　　　　　　——应交教育费附加　　　　　　　　　　　　251.70
27. 借：财务费用　　　　　　　　　　　　　　　　　　　　　1 500
　　　贷：应付利息　　　　　　　　　　　　　　　　　　　　　　1 500
　　借：财务费用　　　　　　　　　　　　　　　　　　　　　48 000
　　　贷：长期借款　　　　　　　　　　　　　　　　　　　　　　48 000
28. 借：资产减值损失——应收账款　　　　　　　　　　　　　73 000
　　　贷：坏账准备——应收账款　　　　　　　　　　　　　　　73 000
29. 借：库存现金　　　　　　　　　　　　　　　　　　　　　600
　　　贷：营业外收入　　　　　　　　　　　　　　　　　　　　　600
30. 借：主营业务收入　　　　　　　　　　　　　　　　　　232 000
　　　其他业务收入　　　　　　　　　　　　　　　　　　　5 000
　　　投资收益　　　　　　　　　　　　　　　　　　　　550 000
　　　营业外收入　　　　　　　　　　　　　　　　　　　　600
　　　资产处置损益　　　　　　　　　　　　　　　　　　280 000
　　　贷：本年利润　　　　　　　　　　　　　　　　　　　　　1 067 600
　　借：本年利润　　　　　　　　　　　　　　　　　　　　303 699
　　　贷：主营业务成本　　　　　　　　　　　　　　　　　　　136 000
　　　　其他业务成本　　　　　　　　　　　　　　　　　　　3 500
　　　　税金及附加　　　　　　　　　　　　　　　　　　　　839
　　　　管理费用　　　　　　　　　　　　　　　　　　　　39 760
　　　　财务费用　　　　　　　　　　　　　　　　　　　　49 500
　　　　销售费用　　　　　　　　　　　　　　　　　　　　1 100
　　　　资产减值损失　　　　　　　　　　　　　　　　　　73 000
31. 借：所得税费用　　　　　　　　　　　　　　　　　　　155 500

```
        贷：应交税费——应交所得税                                      155 500
    借：本年利润                                            155 500
        贷：所得税费用                                                155 500
32. 借：本年利润                                         466 500
        贷：利润分配——未分配利润                                    466 500
33. 借：利润分配——提取盈余公积                          46 650
                   ——应付股利                            93 300
        贷：盈余公积                                                  46 650
            应付股利                                                  93 300
```

第6章　　会计凭证

一、名词解释（略）

二、单项选择题

1.B　2.C　3.C　4.A　5.B　6.A　7.B　8.B　9.C　10.C　11.A　12.A　13.C　14.B　15.D　16.B　17.D

三、多项选择题

1.CD　2.ABC　3.BCE　4.ABCDE　5.ABCDE　6.ACDE　7.BD　8.ABCDE　9.ABDE　10.ABCD
11.ABC　12.BD　13.ABCDE　14.ABCD　15.ABC

四、判断题

1.×　2.×　3.√　4.√　5.×　6.×　7.×　8.√　9.×　10.×　11.×　12.√　13.×　14.√　15.×　16.×

第7章　　会计账簿

一、名词解释（略）

二、单项选择题

1.B　2.D　3.A　4.C　5.C　6.D　7.A　8.B　9.A　10.B　11.A　12.A　13.B　14.B　15.C　16.B

三、多项选择题

1.BCD　2.BCE　3.ABC　4.ABCD　5.BCD　6.ABC　7.BCE　8.ABCD　9.ABCDE　10.ABDE
11.ABD　12.ABCD　13.ADE　14.ABC　15.ACD　16.ACE

四、判断题

1.×　2.√　3.√　4.√　5.×　6.√　7.×　8.√　9.√　10.√　11.×　12.×　13.×　14.×

第8章　　财产清查

一、名词解释（略）

二、单项选择题

1.A　2.C　3.A　4.A　5.C　6.B　7.C　8.C　9.B　10.D

三、多项选择题

1.ABCDE　2.BCDE　3.ABCD　4.ABCDE　5.ABE　6.AB　7.BC　8.ABD　9.ABCD　10.ADE
11.BCE　12.ABD

四、判断题

1.√　2.×　3.√　4.√　5.×　6.×　7.×　8.√　9.√　10.√　11.×　12.×

第9章　账务处理程序

一、名词解释（略）

二、单项选择题

1.C　2.B　3.C　4.C　5.C　6.D　7.D　8.C　9.C　10.C　11.C　12.A　13.B

三、多项选择题

1.ABE　2.ADE　3.ABC　4.AC　5.DE　6.ABC　7.ACDE　8.ABC　9.ABE　10.ABC　11.ABCE

12.ABD

四、判断题

1.×　2.×　3.√　4.√　5.√　6.×　7.×　8.×　9.×　10.√

第10章　财务会计报告

一、名词解释（略）

二、单项选择题

1.A　2.B　3.B　4.D　5.A　6.B　7.C　8.B　9.A　10.C　11.D　12.D　13.C　14.A　15.A　16.D

17.D　18.D　19.B　20.D

三、多项选择题

1.ABCDE　2.ABCDE　3.ABCE　4.AB　5.BC　6.ABCD　7.ABC　8.ABCD　9.ABC　10.AC

11.ABCDE　12.AB　13.ABCD　14.ABD　15.ACD　16.ACDE　17.ABCD　18.ABCDE　19.AD

20.ABC

四、判断题

1.×　2.√　3.√　4.×　5.×　6.√　7.×　8.×　9.×　10.√　11.×　12.√　13.×　14.×　15.×

五、思考题（略）

第11章　会计工作组织

一、名词解释（略）

二、单项选择题

1.C　2.C　3.C　4.A　5.D　6.C　7.B　8.B　9.A　10.A　11.B　12.C　13.B　14.A　15.A　16.C

17.B　18.D

三、多项选择题

1.ABCDE　2.ABCDE　3.ABC　4.ABCE　5.AB　6.ABCDE　7.ABCDE　8.ABCE　9.AB　10.ABCD

11.ABD　12.BDE　13.AD　14.ABCD　15.ACDE　16.AB

四、判断题

1.×　2.×　3.×　4.×　5.×　6.×　7.×　8.×　9.×　10.×　11.√　12.×　13.√　14.√　15.×　16.×

17.√

五、思考题（略）

基础会计综合模拟试题参考答案

一、单项选择题

1.A 2.D 3.C 4.A 5.C 6.A 7.A 8.C 9.D 10.B 11.C 12.A 13.C 14.C 15.B 16.D 17.D 18.C 19.C 20.B

二、多项选择题

1.BCD 2.AD 3.CD 4.AC 5.AB 6.BD 7.AB 8.ABC 9.ABD 10.AB 11.ABD 12.AB 13.AB 14.ABC 15.ABC

三、判断题

1.× 2.√ 3.× 4.√ 5.√ 6.√ 7.√ 8.× 9.× 10.×

四、计算分析题

1.编制的会计分录如下：

（1）借：待处理财产损溢	3 500	
贷：原材料		3 500
（2）借：在建工程	8 000	
贷：原材料		5 000
应付职工薪酬		3 000
（3）借：固定资产	42 000	
贷：以前年度损益调整		42 000
（4）借：应交税费	5 500	
贷：银行存款		5 500
（5）借：其他应收款	1 000	
管理费用	2 500	
贷：待处理财产损溢		3 500
（6）借：坏账准备	12 000	
贷：应收账款		12 000
（7）借：预付账款	15 000	
贷：银行存款		15 000
（8）借：银行存款	45 000	
贷：预收账款		45 000
（9）借：主营业务收入	377 000	
营业外收入	10 000	
贷：本年利润		387 000

（10）借：本年利润　　　　　　　　　　　　　　　　　303 500

　　　　贷：主营业务成本　　　　　　　　　　　　　　　　　280 000

　　　　　　销售费用　　　　　　　　　　　　　　　　　　　1 500

　　　　　　税金及附加　　　　　　　　　　　　　　　　　　6 000

　　　　　　管理费用　　　　　　　　　　　　　　　　　　 14 000

　　　　　　财务费用　　　　　　　　　　　　　　　　　　　　800

　　　　　　营业外支出　　　　　　　　　　　　　　　　　　1 200

（11）借：所得税费用　　　　　　　　　　　　　　　　　20 875

　　　　贷：应交税费　　　　　　　　　　　　　　　　　　　20 875

（12）借：利润分配　　　　　　　　　　　　　　　　307 762.50

　　　　贷：盈余公积　　　　　　　　　　　　　　　　　307 762.50

（13）借：利润分配　　　　　　　　　　　　　　　　　615 525

　　　　贷：应付股利　　　　　　　　　　　　　　　　　　615 525

（14）借：本年利润　　　　　　　　　　　　　　　　 3 077 625

　　　　贷：利润分配　　　　　　　　　　　　　　　　　3 077 625

2.

业务号	权责发生制		收付实现制	
	收入（元）	费用（元）	收入（元）	费用（元）
（1）	60 000		60 000	
（2）	15 000		0	
（3）		2 000		12 000
（4）		3 200		0
（5）	0		18 000	
（6）	0		8 200	
合计	75 000	5 200	86 200	12 000